Aldidente Weihnachten

Rezepte und Tipps für die festlichsten Wochen des Jahres

von Barbara Dorn

1 2 3 4 04 03 02

☆

Lektorat: Oliver Thomas Domzalski
Redaktion: Christina Wegner
Umschlagillustration: Uschi Heusel
Satz und Layout: Frank Heymann
Druck und Bindung: WS Bookwell, Finnland
ISBN 3-8218-3764-0

Verlagsverzeichnis schickt gern:
Eichborn Verlag, Kaiserstr. 66, D - 60329 Frankfurt am Main
www.eichborn.de

All die Jahre wieder ...
Vorwort

Unverhofft tauchen die ersten Anzeichen auf. Ende September, Anfang Oktober erscheinen in den Regalen der Supermärkte zunächst verhalten, dann mit imposantem Gehabe ganze Populationen von roten Männern mit weißen Bärten. Im Verlauf des Novembers wird eine zunehmende Geschäftigkeit spürbar. Und spätestens wenn auf den Straßen die Festbeleuchtung angeknipst wird und unsichtbare Chöre „Süßer die Glocken nie klingen" jubilieren, wissen es alle ganz genau: Weihnachten steht vor der Tür.

Alle Welt freut sich auf Weihnachten und die Adventszeit. Auf das Leuchten der Kerzen, auf das Staunen der Kinder beim Öffnen des Adventskalenders, auf den Genuss von weihnachtlichen Leckereien, auf gemütliche Nachmittage bei Punsch und

Keksen, eben auf eine besinnliche und ruhige Zeit. Aber alle Welt weiß auch: Dieses idyllische Bild von Weihnachten als dem Fest der Liebe, fernab von Konsumzwang und Hektik, ist nur die eine Seite der Medaille. Die andere Seite zeigt Weihnachten als haushalts-logistische Herausforderung zur Erfüllung eines gesellschaftlichen Pflichtenmarathons. Kaum ist das erste Türchen geöffnet, läuft die Zeit. Jetzt heißt es im Laufschritt Wunschzettel einsammeln, Depots für Geschenke anlegen, täglich den bedrohlich niedrigen Kontostand kontrollieren, Einkäufe aus überfüllten Kaufhäusern nach Hause schleppen, diverse Weihnachtsfeiern besuchen und Einladungen aussprechen. Wenn dann die Glocken in der Kirche den Heiligen Abend einläuten, die Kerzen am Weihnachtsbaum brennen, die Kinder zufrieden mit den Geschenken sind und das Essen auf dem Tisch steht, denkt sich die erschöpfte Hausfrau: Das wäre geschafft. Aber wo ist die friedvolle Atmosphäre, wo sind die Mußestunden, wo Wärme und Behaglichkeit geblieben? Das wird im nächsten Jahr anders.

Mit diesem Buch haben Sie eine gute Anleitung, um beide Seiten der Medaille zu verbinden. Denn Sie finden hier Rezepte für alle Weihnachtsanlässe, ob Sie nun groß oder einfach, aufwändig oder schlicht und gemütlich das Fest verbringen möchten.

Alle Rezepte sind, wenn nicht anders angegeben, für vier Personen gedacht. Die Zutaten, die nicht bei Aldi erhältlich sind, sind kursiv gedruckt.

In der Weihnachtsbäckerei

Plätzchen und Kuchen für die Adventszeit

Adventszeit ist Backzeit. Zwar wollen seit Oktober Heerscharen von Weihnachtsmännern und Tonnen von süßem Backwerk „Weihnachtsfeeling" verbreiten. Aber kein gekaufter Stollen kann die verheißungsvollen Gerüche und die ganz besondere Atmosphäre hervorzaubern, die wir seit Kindertagen lieben. Also heißt es Tüten von Mehl und Zucker, Eier und Mandeln in die heimatliche Küche schleppen, die weihnachtliche Hektik mit der Küchentür aussperren und loslegen. Und schon duftet es verlockend nach Zimt und Nüssen und die Zeit bleibt für einen Augenblick stehen. Dann weiß man: Bald ist Weihnachten.

Für die folgenden Rezepte brauchen Sie kein Backdiplom. Das Ausstechen, Garnieren und Verzieren macht Spaß, besonders zusammen mit Kindern, Freunden oder dem Herzallerliebsten. Und vergessen Sie das Naschen nicht – dann wird's erst richtig vergnüglich!

Neben den ganz normalen Backgerätschaften sollten Sie sich fürs Plätzchenbacken ein paar besondere Utensilien bereitlegen: diverse Ausstechformen wie z. B. Sterne und Herzen, Backpapier, Frischhaltefolie, Spritzbeutel und kleine Gefrierbeutel für die Zuckerguss-Verzierung.

Plätzchen zum Ausstechen

60 Stück
Ruhezeit: mind. 1 Std.
Backzeit für ein Blech: 10 Min.

250 g Margarine oder Butter
250 g Zucker
2 Päckchen Vanillinzucker
3 Eigelb
500 g Mehl
1-2 TL Backpulver
1-2 EL Milch
1 EL Zitronensaft
Mehl für die Arbeitsfläche

Alle Zutaten nacheinander in eine Schale geben und zu einem glatten Teig verkneten. Abgedeckt mind. 1 Std. kalt stellen. Arbeitsplatte mit etwas Mehl bestäuben. Teig portionsweise ca. 5 mm dick ausrollen, Plätzchen mit verschiedenen Formen ausstechen und auf ein mit Backpapier ausgelegtes (oder gefettetes) Backblech legen. Im vorgeheizten Backofen bei 160 Grad (Gas Stufe 1-2) ca. 5-10 Min. backen. Sofort vom Blech nehmen. Auskühlen lassen und nach Belieben verzieren.

TIPP

Sie können den Teig schon am Vortag anrühren und im Kühlschrank aufbewahren. Kurz vor dem Ausstechen dann mit etwas Milch neu verkneten.

Tipps für die Verzierung

Für den Zuckerguss:

200 g Puderzucker
3-4 EL Zitronensaft
bunte Speisefarbe

Für die weitere Verzierung können Sie wählen aus:

gehackten Nüssen
gehackten Mandeln
Zuckerperlen
Pistazien
Kokosraspeln

Puderzucker mit Zitronensaft zu einem dicken Guss verrühren. Bunt wird der Zuckerguss, wenn Sie portionsweise Speisefarbe darunter mischen. In kleine Gefrierbeutel füllen, eine Ecke knapp davon abschneiden und die Plätzchen mit dem bunten Guss verzieren. Zusätzlich können Sie noch Nüsse, Mandeln, Zuckerperlen, Pistazien oder Kokosraspeln auf die Plätzchen setzen.

Vanillekipferl

70 Stück
Ruhezeit: mind. 1 Std.
Backzeit für ein Blech: 12 Min.

Für den Teig:
175 g Butter oder Margarine
100 g Zucker
1 Vanilleschote
2 Eigelb
200 g Mehl
1/2 TL Backpulver
100 g gemahlene Mandeln

Zum Wälzen:
6 EL Puderzucker
1 EL Zucker

Weiches Fett und Zucker mit dem Handmixer schaumig rühren. Vanilleschote längs aufschneiden, die Hälfte des Marks herauskratzen und dazugeben. Eigelbe unterheben und alles zu einer cremigen Masse verrühren. Mehl, Backpulver und Mandeln unterrühren und alles zu einem glatten Teig verkneten. Teig in zwei Portionen teilen und diese zu Rollen mit etwa 2 cm Durchmesser formen. Rollen in Folie wickeln und mind. 1 Std. kalt stellen. Von den Rollen knapp fingerdicke Scheiben abschneiden, zu ca. 6 cm langen Halbmonden formen und auf ein mit Backpapier ausgelegtes (oder gefettetes) Backblech legen. Im vorgeheizten Backofen bei 180 Grad (Gas Stufe 2-3) ca. 12 Min. backen. Inzwischen restliches Vanillemark mit dem Zucker und dem Puderzucker mischen und die fertig gebackenen, noch heißen Kipferl darin wälzen. Auskühlen lassen.

VARIANTE
Nach Nüssen schmecken die Kipferl, wenn Sie statt der Mandeln 100 g gemahlene Haselnüsse unterrühren.

Terrassenplätzchen

ca. 45 Stück
Ruhezeit: mind. 30 Min.
Backzeit für ein Blech: 10 Min.

Für den Teig:
300 g Mehl
1/2 TL Backpulver
120 g Zucker
1 Päckchen Vanillinzucker
150 g Butter oder Margarine
1 Ei
Mehl für die Arbeitsfläche

Zum Füllen und Verzieren:
60 g Fruchtgelee (z. B. Apfelgelee oder Johannisbeergelee)
3 EL Puderzucker zum Bestäuben

Mehl, Backpulver, Zucker, Vanillinzucker, Fett und Ei zu einem glatten Teig verkneten. Abgedeckt mind. 30 Min. kalt stellen. Teig auf einer bemehlten Arbeitsfläche ca. 3 mm dick ausrollen. Mit verschieden großen Plätzchenausstechern gleicher Form (5 cm, 4 cm und 3 cm Ø) z. B. Sterne oder Blüten ausstechen. Plätzchen auf ein mit Backpapier ausgelegtes (oder gefettetes) Backblech legen. Im vorgeheizten Backofen bei 175 Grad (Gas Stufe 2) ca. 10 Min. backen. Auskühlen lassen. Für die Füllung das Gelee erwärmen und glatt rühren. Die beiden kleinen Plätzchengrößen mit Gelee bestreichen und dann alle drei Größen zusammensetzen. Mit Puderzucker bestäuben.

Basler Leckerli

45 Stück
Backzeit für ein Blech: 15 Min.

Für den Teig:
2 Eier
250 g Zucker
100 g gehackte Nüsse
100 g gehackte Mandeln
100 g Zitronat oder Orangeat
10 g Zimt
140 g flüssiger Honig
380 g Mehl
1/2 Päckchen Backpulver
bei Bedarf 2-3 EL Milch
Margarine und Mehl für das Blech

Für den Guss:
Saft von 1 Zitrone
3 EL Puderzucker

Eier und Zucker mit dem Handmixer schaumig rühren. Übrige Zutaten nacheinander hinzugeben und alles zu einem Teig verrühren. Evtl. etwas Milch hinzufügen. Teigmasse gleichmäßig auf ein gefettetes und gemehltes Backblech streichen und im vorgeheizten Backofen bei 160 Grad (Gas Stufe 1-2) ca. 15 Min. backen. Inzwischen Puderzucker langsam unter den Zitronensaft mischen und zu einem glatten Guss verrühren. Teig nach dem Backen sofort in Rauten schneiden und anschließend mit Guss bestreichen.

Zimtsterne

60 Stück
Ruhezeit: mind. 15 Min.
Backzeit für ein Blech: 30 Min.

5 Eiweiß
400 g Puderzucker
1 TL Zitronensaft
400 g gemahlene Mandeln
1 EL Zimt
Mehl für die Arbeitsfläche

Eiweiß mit dem Handmixer zu sehr steifem Schnee schlagen. Puderzucker sieben und löffelweise mit dem Zitronensaft unter den Eischnee schlagen. 5 EL von der Eiweißmischung für die Glasur beiseite stellen. Mandeln und Zimt unter die Creme geben und vermengen. Teig in einen Gefrierbeutel geben und darin ca. 5 mm dick ausrollen. Beutel ca. 15 Min. in den Kühlschrank legen. Teig aus dem Gefrierbeutel nehmen, auf einer bemehlten Arbeitsfläche Sterne ausstechen und auf ein mit Backpapier ausgelegtes (oder gefettetes) Backblech legen. Mit der zurückbehaltenen Eiweißcreme bestreichen. Im vorgeheizten Backofen bei 120 Grad (Gas Stufe 1) ca. 25-30 Min. backen. Darauf achten, dass der Eischnee schön hell bleibt, sonst etwas eher aus dem Backofen nehmen.

Zimtschokokringel

50 Stück
Backzeit für ein Blech: 15 Min.

Für den Teig:
225 g Mehl
175 g Butter oder Margarine
100 g Puderzucker
2 Eier
2 Eigelb
1 EL Zimt
20 g Speisestärke

Für die Glasur:
100 g Vollmilch-Kuvertüre

Alle Zutaten erst mit dem Handmixer, dann mit der Hand zu einem glatten Teig verkneten. Portionsweise in einen Spritzbeutel mit Sterntülle füllen und halbe Kringel auf ein mit Backpapier ausgelegtes (oder gefettetes) Backblech spritzen. Im vorgeheizten Backofen bei 175 Grad (Gas Stufe 2) ca. 15 Min. backen. Auskühlen lassen. Kuvertüre grob hacken, im Wasserbad schmelzen und die Kringel jeweils zur Hälfte hineintauchen. Auf einem Kuchengitter trocknen lassen.

☆ **Die typischen Backmittel und Gewürze für die Weihnachtsbäckerei sind Hirschhornsalz, Anis, Pfefferkuchengewürz, Nelkenpulver ... Sie bekommen sie in passenden Portionen im Supermarkt oder in der Apotheke.**

Schokoladenkekse

45 Stück
Ruhezeit: mind. 30 Min.
Backzeit für ein Blech: 8 Min.

Für den Teig:
150 g Butter
175 g Zucker
2 Eier
150 g kalte Zartbitter- oder Vollmilchschokolade
100 g gemahlene Mandeln
200 g Mehl
100 g Speisestärke
1 TL Backpulver
Mehl für die Arbeitsfläche

Für die Glasur:
150 g dunkle Kuvertüre

Butter, Zucker und Eier mit dem Handmixer schaumig rühren. Schokolade fein raspeln und unterheben. Mandeln, Mehl, Stärke und Backpulver unterrühren und alles zu einem glatten Teig verkneten. Abgedeckt mind. 30 Min. kalt stellen. Teig auf einer bemehlten Arbeitsfläche ausrollen, runde Formen ausstechen und auf ein mit Backpapier ausgelegtes (oder gefettetes) Backblech legen. Im vorgeheizten Backofen bei 180 Grad (Gas Stufe 2-3) ca. 8 Min. backen. Auskühlen lassen. Kuvertüre grob hacken, im Wasserbad schmelzen und mit einem Löffel über die Plätzchen träufeln. Auf einem Kuchengitter trocknen lassen.

Orangenstangen

50 Stück
Ruhezeit: mind. 30 Min.
Backzeit für ein Blech: 10 Min.

Für den Teig:
40 g Orangeat
80 g Butter
80 g Puderzucker
1 Ei
1/2 TL abgeriebene Schale einer unbehandelten Orange
1 EL Orangenlikör oder -saft
150 g Mehl
Mehl für die Arbeitsfläche

Für den Guss:
150 g Puderzucker
2-3 EL Orangenlikör oder -saft
1 unbehandelte Orange
50 g gehackte Pistazien zum Bestreuen

Orangeat sehr fein hacken. Mit Butter, Puderzucker, Ei, Orangenschale, Likör und Mehl zu einem glatten Teig verkneten. Abgedeckt mind. 30 Min. kalt stellen. Teig auf einer bemehlten Arbeitsfläche ca. 3 mm dick ausrollen und 5 cm lange und 2 cm breite Stangen ausschneiden. Auf ein mit Backpapier ausgelegtes (oder gefettetes) Backblech legen. Im vorgeheizten Backofen bei 200 Grad (Gas Stufe 3-4) ca. 10 Min. backen. Auskühlen lassen. Inzwischen Puderzucker, Orangenlikör oder -saft und die abgeriebene Schale der Orange zu einem Guss verrühren. Plätzchen damit bestreichen und zum Abschluss mit Pistazien bestreuen. Auf einem Kuchengitter trocknen lassen.

VARIANTE
Variante mit Zitrone: Statt Orangeat, Orangenschale und Orangensaft Zitronat, Zitronenschale und Zitronensaft verwenden. Oder die Hälfte der Plätzchen nicht mit Orangenguss, sondern mit Orangenmarmelade bestreichen und ein mit Guss bestrichenes Plätzchen darauf setzen.

Kokosmakronen

60 Stück
Backzeit für ein Blech: 30 Min.

4 Eiweiß
1 Prise Salz
200 g Zucker
1 Msp. Zimt
2 Tropfen Bittermandelöl
200 g Kokosraspeln
60 kleine Oblaten

Eiweiß und Salz mit dem Handmixer zu sehr steifem Schnee schlagen. Langsam Zucker einrieseln lassen und weiter schlagen, bis eine cremige Masse entsteht. Zimt, Bittermandelöl und Kokosraspeln unterheben. Mit einem Teelöffel kleine Teighäufchen auf die Oblaten setzen und auf ein mit Backpapier ausgelegtes (oder gefettetes) Backblech setzen. Im vorgeheizten Backofen bei 120 Grad (Gas Stufe 1) ca. 30. Min backen (bei dieser leichten Hitze eigentlich mehr trocknen als backen). Vom Backblech nehmen und auskühlen lassen.

TIPP

Für Makronen muss der Eischnee besonders steif sein. Wenn ein Schnitt mit einem Messer auf der Oberfläche des Eischnees sichtbar bleibt, ist er ausreichend fest.

Lebkuchenfiguren

30 Stück
Ruhezeit: mind. 8 Std.
Backzeit für ein Blech: 10 Min.

Für den Teig:
2 Eier
200 g Zucker
1/2 TL Zimt
1/2 TL Nelkenpulver
1 TL Backpulver
300 g Mehl
40 g Butter oder Margarine
Mehl für die Arbeitsfläche
50 g Sahne zum Bestreichen

Für die Glasur:
250 g Puderzucker
3-4 EL Zitronensaft
Speisefarbe

Eier und Zucker mit dem Handmixer schaumig rühren. Zimt, Nelkenpulver, Backpulver und Mehl vermischen und unterrühren. Weiche Butter dazugeben und alles zu einem glatten Teig verkneten. Abgedeckt über Nacht kalt stellen. Teig auf einer bemehlten Arbeitsfläche ausrollen, Figuren ausstechen, auf ein mit Backpapier ausgelegtes (oder gefettetes) Backblech legen und mit Sahne bestreichen. Im vorgeheizten Backofen bei 200 Grad (Gas Stufe 3-4) ca. 10 Min. backen. Auskühlen lassen. Inzwischen Puderzucker und Zitronensaft zu einem Guss verrühren und bei Bedarf portionsweise mit unterschiedlicher Speisefarbe mischen. In Gefrierbeutel füllen, eine kleine Ecke abschneiden und die Lebkuchen damit verzieren. Auf einem Kuchengitter trocknen lassen.

Pfefferkuchen

30 Stück
Ruhezeit: mind. 1 Std.
Backzeit für ein Blech: 6 Min.

Für den Teig:
250 g Honig
375 g Zucker
100 ml Milch
125 g Butter oder Margarine
750 g Mehl
10 g Pfefferkuchengewürz
10 g Hirschhornsalz
Mehl zum Ausrollen

Für den Guss:
250 g Puderzucker
1 Eiweiß
Speisefarbe

Honig, Zucker, Milch und Fett in einen Topf geben und unter Rühren erhitzen. In eine Schale füllen. Mehl, Pfefferkuchengewürz und Hirschhornsalz darunter heben und alles zu einem glatten Teig verkneten. Abgedeckt mind. 1 Std. kalt stellen. Auf einer bemehlten Arbeitsfläche ca. 4 mm dick ausrollen, Figuren ausstechen und auf ein mit Backpapier ausgelegtes (oder gefettetes) Backblech legen. Im vorgeheizten Backofen bei 200 Grad (Gas Stufe 3-4) ca. 6 Min. backen. Inzwischen Puderzucker und Eiweiß mit dem Handmixer zu einem glatten Guss verrühren und bei Bedarf portionsweise mit unterschiedlicher Speisefarbe mischen. In Gefrierbeutel füllen, eine kleine Ecke abschneiden und die Pfefferkuchen damit verzieren. Auf einem Kuchengitter trocknen lassen.

Haselnussplätzchen

50 Stück
Backzeit für ein Blech: 15 Min.

125 g Butter oder Margarine
120 g Puderzucker
1 Ei
1 Prise Salz
200 g Mehl
1 Msp. Backpulver
140 g gemahlene Haselnüsse
25 Amarena-Kirschen aus dem Glas

Weiches Fett, Puderzucker und Eigelb mit dem Handmixer schaumig rühren. Salz, Mehl, Backpulver und ca. die Hälfte der gemahlenen Haselnüsse unterkneten. Eiweiß in einer Schale steif schlagen. Restliche Haselnüsse in eine zweite Schale geben. Aus dem Teig etwa 1,5 cm dicke Kugeln formen. Diese zuerst in Eiweiß, dann in den Nüssen wenden. Kugeln portionsweise auf ein mit Backpapier ausgelegtes (oder gefettetes) Backblech legen, mit dem Daumen eine Mulde in die abgeflachten Kugeln drücken. Kirschen abtropfen lassen, halbieren und auf die Mulden verteilen. Im vorgeheizten Backofen bei 180 Grad (Gas Stufe 2-3) 12-15 Min. hellbraun backen. Auskühlen lassen.

Marzipanhütchen

40 Stück
Ruhezeit: mind. 1 Std.
Backzeit für ein Blech: 12 Min.

Für den Teig:
250 g Mehl
50 g gemahlene Mandeln
75 g Zucker
1 Päckchen Vanillinzucker
150 g Butter oder Margarine
2 Eigelb
1 TL gemahlener Kardamom
Mehl für die Arbeitsfläche
1 Eigelb zum Bestreichen

Für die Füllung:
75 g Pistazienkerne
2 Eiweiß
275 g Marzipan-Rohmasse
1 EL Apfelsaft

Mehl, Mandeln, Zucker, Vanillinzucker, weiches Fett, Eigelb und Kardamom zu einem glatten Teig verkneten. Abgedeckt mind. 1 Std. kalt stellen. Inzwischen für die Füllung Pistazien im Blitzhacker fein mahlen und mit Eiweiß, Marzipan-Rohmasse und Apfelsaft verkneten. Teig anschließend auf einer bemehlten Arbeitsfläche ca. 3 mm dick ausrollen und runde Plätzchen von 6 cm Ø ausstechen. Jeweils einen halben Teelöffel Füllung darauf geben. Ränder der Plätzchen von drei Seiten über der Füllung zusammendrücken. Plätzchen auf ein mit Backpapier ausgelegtes (oder gefettetes) Backblech setzen. Eigelb mit einem Esslöffel Wasser verquirlen und die Plätzchen damit bestreichen. Im vorgeheizten Backofen bei 200 Grad (Gas Stufe 3-4) ca. 10-12 Min. backen und auskühlen lassen.

Pfeffernüsse

100 Stück
Backzeit für ein Blech: 20 Min.

1 unbehandelte Zitrone
4 Eier
250 g Zucker
1 Msp. Zimt
1 Msp. Kardamom
1 Msp. Ingwerpulver
1 Msp. Muskatnuss
2 Msp. weißer Pfeffer
50 g Zitronat
50 g Orangeat
500 g Mehl
1 Päckchen Backpulver

Zitrone heiß abspülen und Schale dünn abreiben. Eier und Zucker mit dem Handmixer schaumig rühren. Zitronenschale, Gewürze, Zitronat und Orangeat unterheben. Mehl und Backpulver dazugeben und alles zu einem glatten Teig verkneten. Löffelweise den Teig abnehmen, kleine Kugeln daraus formen und auf ein mit Backpapier ausgelegtes (oder gefettetes) Backblech setzen. Mit dem Löffel etwas flach drücken. Im vorgeheizten Backofen bei 180 Grad (Gas Stufe 3) ca. 20 Min backen. Vom Backblech nehmen und auskühlen lassen.

Schneemänner

8 Stück

1/2 Eiweiß
125 g Puderzucker
32 weiße Pfeffernüsse
8 Lakritzschnecken
24 Lakritzbatzen oder -pfoten
1 EL Zitronensaft
50 g Puderzucker
Speisefarbe

Eiweiß mit dem Handmixer sehr steif schlagen und den gesiebten Puderzucker löffelweise dazugeben. Den Guss in einen Gefrierbeutel füllen, eine kleine Ecke abschneiden. Mit dem Guss portionsweise jeweils zwei Pfeffernüsse mit den platten Flächen aneinander kleben. Als Kopf und als Füße je eine Pfeffernuss so dagegen kleben, dass die gewölbten Seiten der Pfeffernüsse aufeinander kleben. Als Hut eine Lakritzschnecke und 3 Lakritzbatzen oder -pfoten erst aneinander und dann auf den Schneemann kleben. Puderzucker mit Zitronensaft zu einem dicken Guss verrühren und Speisefarbe darunter mischen. In einen Gefrierbeutel füllen, eine Ecke knapp davon abschneiden und damit Gesicht und Knöpfe der Schneemänner malen.

Gewürzsplitter

90 Stück
Ruhezeit: mind. 1 Std.
Backzeit für ein Blech: 10 Min.

Für den Teig:
50 g Butter
50 g Butterschmalz
1 Eigelb
50 g Zucker
1 Päckchen Vanillinzucker
1/2 TL Zimt
1 Msp. gemahlene Nelken
1 Msp. gemahlener Piment
100 g Mehl
100 g gehackte Mandeln

Für den Belag:
250 g dunkle oder
helle Kuvertüre
225 g Mandelstifte

Weiches Fett, Eigelb, Zucker, Vanillinzucker, Gewürze, Mehl und Mandeln zuerst mit dem Handmixer, dann mit den Händen zu einem glatten Teig verkneten. Abgedeckt mind. 1 Std. kalt stellen. Teig portionsweise zwischen Klarsichtfolie oder in einem großen, an einer Seite aufgeschnittenen Gefrierbeutel ca. 2-3 mm dick ausrollen. Runde Plätzchen mit 3 cm Ø und gewelltem Rand ausstechen und auf ein mit Backpapier ausgelegtes (oder gefettetes) Backblech legen. Im vorgeheizten Backofen bei 175 Grad (Gas Stufe 2) 5-10 Min. backen. Auskühlen lassen. Inzwischen für den Belag grob gehackte Kuvertüre im heißen Wasserbad schmelzen und Mandelstifte unterrühren. Jeweils 1 TL Schoko-Mandeln auf die Plätzchen geben und fest werden lassen.

Brownies

40 Stück
Backzeit: 45 Min.

Für den Teig:
100 g Zartbitterschokolade
100 g Walnusskerne
100 g Butter oder Margarine
125 g Zucker
1 Päckchen Vanillinzucker
6 Eigelb
2 EL Kakaopulver
100 g Mehl
6 Eiweiß

Für die Glasur:
200 g Kuvertüre
(Vollmilch oder Zartbitter)
3 EL Schokoladenstreusel

Schokolade im Wasserbad schmelzen und abkühlen lassen. Walnüsse grob hacken. Weiches Fett, Zucker, Vanillinzucker und Eigelbe schaumig rühren, geschmolzene Schokolade und Walnüsse darunter heben. Kakao mit dem Mehl mischen und zu der Creme geben. Eiweiß steif schlagen und vorsichtig unterheben. Backblech mit einem Streifen Alufolie auf ca. 20 x 30 cm verkleinern, mit Backpapier belegen oder einfetten. Teig darauf geben, glatt streichen und im vorgeheizten Backofen bei 180 Grad (Gas Stufe 2-3) ca. 45 Min. backen. Teigplatte auf ein Kuchengitter stürzen und auskühlen lassen. Für die Glasur Kuvertüre im Wasserbad schmelzen, die Teigplatte damit bestreichen und mit Schokostreuseln bestreuen. Dann die Teigplatte in ca. 4 cm große Würfel schneiden.

Zedernbrot

70 Stück
Ruhezeit: mind. 1 Std.
Backzeit für ein Blech: 25 Min.

Für den Teig:

1 1/2 unbehandelte Zitronen
375 g Puderzucker
3 Eiweiß
375 g gemahlene Mandeln
Puderzucker für die Arbeitsfläche

Für den Guss:

3 EL Quitten- oder Orangengelee

Zitronen heiß abspülen, Schale dünn abreiben und Saft auspressen. Puderzucker sieben. Eiweiß zu sehr steifem Schnee schlagen und löffelweise Puderzucker und Zitronensaft unterrühren. Eine kleine Tasse von dem Eischnee für die Glasur in den Kühlschrank stellen. Mandeln und Zitronenschale unter die Eiweißmasse heben und abgedeckt mind. 1 Std. kalt stellen. Teig auf einer mit Puderzucker bestäubten Arbeitsfläche ca. 5 mm dick ausrollen. Mit einer Form Halbmonde ausstechen und auf ein mit Backpapier ausgelegtes (oder gefettetes) Backblech legen. Gelee erwärmen und glatt rühren. Plätzchen mit Gelee, dann mit dem zurückgestellten Eischnee bestreichen. Im vorgeheizten Backofen bei 140 Grad (Gas Stufe 1) ca. 25 Min. backen.

TIPP

Das Zedernbrot schmeckt erfrischend herb neben den anderen süßen Plätzchen und eignet sich sehr gut für einen bunten Teller.

Wohin mit den Keksen?
In der Adventszeit wird gebacken – je mehr, desto besser. Aber wo und wie bewahrt man die Leckereien auf? Leb- und Honigkuchen, Pfefferkuchen, Zimtsterne und Plätzchen dürfen nicht zu trocken werden. Nach dem Backen auskühlen lassen und dann in einer gut schließenden Dose verstauen. Am besten mit einem Apfel darin, dann bleiben sie noch länger saftig.

Mohnstollen

6 Stück à ca. 8 Scheiben
Ruhezeit: mind. 1 Std.
Backzeit: 25 Min.

Für den Quark-Öl-Teig:
150 g Magerquark
6 EL Milch
6 EL Öl
75 g Zucker
1 Päckchen Vanillinzucker
1 Prise Salz
300 g Mehl
1 Päckchen Backpulver
Mehl zum Ausrollen

Für die Füllung:
2 Päckchen backfertiger Mohn (à 250 g)
100 g Walnusskerne
3-4 EL Rum oder Milch
2 Eigelb
100 g Rosinen
1 Päckchen Vanillinzucker

Zum Bestreichen:
1 Eigelb
1 EL Schlagsahne oder Milch
150 g Aprikosenkonfitüre
2 EL Puderzucker zum Bestäuben

Für den Teig alle Zutaten zu einem glatten Teig verkneten. Abgedeckt mind. 1 Std. kalt stellen. Für die Füllung Mohn, fein gehackte Walnusskerne, Rum, Eigelb, Rosinen und Vanillinzucker verrühren. Teig nochmals kräftig mit den Händen durchkneten und in sechs Portionen teilen. Jede Portion auf wenig Mehl zu einem Rechteck von ca. 30 x 10 cm ausrollen. Mohnfüllung darauf streichen. Teig von beiden schmalen Seiten zur Mitte hin aufrollen. Übrige Teigportionen ebenso verarbeiten. Eigelb und Sahne verrühren. Stollen damit bestreichen und auf ein mit Backpapier ausgelegtes (oder gefettetes) Backblech legen. In dem auf 175 Grad (Gas Stufe 2) vorgeheizten Backofen ca. 25 Min. backen. Inzwischen Aprikosenkonfitüre aufkochen und pürieren. Mohnstollen noch heiß damit bestreichen und trocknen lassen. Mit Puderzucker bestäuben.

Früchtebrot

Backzeit: 45 Min.

3 Eier
125 g Zucker
1 Msp. Zimt
125 g gehackte Haselnüsse
60 g gehackte Mandeln
125 g geschnittene Feigen
125 g Zitronat oder Orangeat
250 g Rosinen
125 g Mehl
1/2 Päckchen Backpulver
Fett für die Form

Eier und Zucker mit dem Handmixer schaumig rühren. Mit den restlichen Zutaten vermischen und zu einem glatten Teig verkneten. In eine gefettete Kastenform geben. Im vorgeheizten Backofen bei 175 Grad (Gas Stufe 1-2) ca. 45 Min. backen.

VARIANTE
Sie können den Teig auch mit einem kleinen Glas Rum (oder einem Fläschchen Rum-Aroma) anreichern.

Rüblikuchen

Backzeit: 50 Min.

Für den Teig:
200 g Möhren
7 Eier
1 Prise Salz
200 g brauner Zucker
(es geht auch weißer)
50 g Mehl
1 TL Backpulver
50 g Semmelbrösel
200 g gemahlene Haselnüsse
2 TL Lebkuchengewürz
50 geraspelte dunkle Schokolade
Margarine und Mehl für die
Form

Zum Bestreuen:
Puderzucker

Möhren schälen und fein raspeln. Eier in Eigelb und Eiweiß trennen. Eiweiß steif schlagen und unter ständigem Rühren Salz und Zucker einrieseln lassen. Eigelb verquirlen, darunter heben und zusammen mit Mehl, Backpulver, Semmelbrösel, Nüssen, Möhren, Lebkuchengewürz und Schokoladenraspeln gut vermengen. Teig in eine gefettete und gemehlte Kastenform geben und im vorgeheizten Backofen bei 175 Grad (Gas Stufe 2) ca. 50 Min. backen. Auskühlen lassen. Vor dem Servieren mit Puderzucker bestreuen.

Sternkuchen

2 Stück
Backzeit: 30 Min.

Für den Teig:
2 Eier
125 g Margarine
125 g Zucker
250 g Mehl
1/2 Päckchen Backpulver
1 Tafel Vollmilchschokolade

Zum Bestreuen:
Puderzucker

Eier, weiches Fett und Zucker mit dem Handmixer schaumig rühren. Mehl und Backpulver dazugeben und alles zu einem glatten Teig verkneten. Schokolade fein hacken und unterrühren. In zwei gefettete Stern-Formen geben (Sie können auch die gesamte Teigmenge in eine kleinere Kasten- oder Guglhupfform geben) und im vorgeheizten Backofen bei 175 Grad (Gas Stufe 1-2) ca. 30 Min. backen. Auskühlen lassen und vor dem Servieren mit Puderzucker bestreuen.

Weihnachtsstollen

Ruhezeit: ca. 2 1/2 Std.
Backzeit: 45 Min.

Für den Teig:
750 g Mehl
375 g Rosinen
etwas Mehl für die Rosinen
60 g Hefe
125 ml Milch
100 g Zucker
250 g Butter oder Margarine
125 g gehackte Mandeln
100 g Sukkade
1/2 TL Salz

Zum Bestreichen:
125 g Butter
100 g Puderzucker

Mehl dreimal sieben. Rosinen waschen, abtropfen lassen und in etwas (anderem) Mehl wälzen. Hefe in lauwarmer Milch zerbröseln. Aus der Hefe-Milch mit 250 g Mehl und 1 TL Zucker einen Vorteig kneten und diesen ca. 30 Min. warm stellen und aufgehen lassen. Danach alle restlichen Zutaten zu dem Vorteig geben, gut durchkneten und 1 Std. ruhen lassen. Teig oval ausrollen, eine Seite bis knapp über die Mitte schlagen und gut andrücken, so dass eine typische Stollenform entsteht. Auf ein gefettetes Blech legen und nochmals 1 Std. ruhen lassen. Im vorgeheizten Backofen bei 175 Grad (Gas Stufe 2) ca. 45 Min. backen. Nach dem Backen sofort mit zerlassener Butter bestreichen (ca. 2- bis 3-mal) und anschließend jedes Mal dick mit Puderzucker bestreuen, bis der Stollen eine dicke Zuckerkruste hat.

Kleines Knusperhäuschen

Ruhezeit: mind. 4 Std.
Backzeit: 30 Min.

Für den Teig:
2 Eier
250 g Zucker
250 g flüssiger Honig
1/2 TL Honigkuchengewürz
1/2 TL Kardamom
1 EL Kakaopulver
1 Msp. Zimt
500 g Mehl
1-2 TL Natron
1 Ei zum Bestreichen

Für den Guss:
3-4 EL Zitronensaft
200 g Puderzucker

Zum Verzieren:
Bunte Lakritze, Gummibärchen, Geleekringel, Dominosteine, Kokosraspel für den Schnee, Watte für den Schornstein, Kekse, Bonbons ...

Eier und Zucker mit dem Handmixer schaumig rühren. Mit den übrigen Zutaten vermengen und zu einem glatten Teig verkneten. Teig zugedeckt mind. 4 Std. kalt stellen. Auf einem mit Backpapier ausgelegten Backblech ca. 5 mm dick ausrollen und mit einem verquirlten Ei bestreichen. Im vorgeheizten Backofen bei 180 Grad (Gas Stufe 2-3) ca. 20 Min. backen. Sofort in Platten schneiden (zwei gleich große Rechtecke – schräg anschneiden! – die aneinander gelehnt das Dach ergeben, und zwei gleich große Dreiecke für die Giebelwände). Zitronensaft mit Puderzucker zu einem dicken Guss anrühren. Die Platten mit dem Guss zusammenkleben. Süßigkeiten auf dem Dach und an den Hauswänden ebenfalls mit Guss befestigen.

TIPP

Für ein größeres Haus einfach die Zutatenmengen verdoppeln, dann reicht es vielleicht auch für einen Vorgarten oder einen kleinen Anbau.

Der Adventsnachmittag

Heiße Schokolade, Punsch und Bratäpfel

Einen Spaziergang machen, auch wenn es draußen ungemütlich und grau ist. Zusammen basteln, Plätzchen backen oder einfach nur die Beine hoch legen und sich vom vorweihnachtlichen Stress erholen. Wenn es früh dunkel wird, kommt die Zeit für warme Pantoffeln und die Sehnsucht nach Einkuscheln und Kerzenschein wächst. Dann einen besonderen Kaffee oder einen selbst gebrauten Punsch, Zimtwaffeln oder leckere Bratäpfel – das wärmt Leib und Seele und macht die dunklen Nachmittage im Advent so richtig schön. Suchen Sie sich Ihr Lieblingsrezept aus – und machen Sie es sich gemütlich.

Heiße Schokolade

1 l Milch
4-5 EL Kakaopulver
4-5 EL brauner Zucker

Milch mit Kakaopulver (1-2 TL zurückbehalten) und Zucker verrühren und auf kleiner Flamme erhitzen. Mit einem Schneebesen leicht schaumig rühren und in hohe Gläser füllen. Vor dem Servieren mit dem restlichen Kakaopulver bestreuen.

Milchkaffee

4 Tassen frisch gekochter Espresso
600 ml Vollmilch
etwas Kakaopulver

Heißen Espresso in hohe, hitzebeständige Gläser füllen. Inzwischen Milch erhitzen, mit dem Schneebesen oder einem Stabmixer aufschäumen und auf den Espresso füllen. Vor dem Servieren mit etwas Kakaopulver bestreuen.

Wiener Kaffee

6 Tassen

200 g Sahne
200 g Zartbitterschokolade
1 l heißer Kaffee
6 TL Zucker
etwas Zimt
etwas Kakaopulver

Sahne steif schlagen. Schokolade fein raspeln, gleichmäßig in hohe Tassen verteilen und den Kaffee darüber gießen. Zucker dazugeben und gut verrühren, bis sich die Schokolade aufgelöst hat. Geschlagene Sahne darauf setzen und je eine Messerspitze Zimt und Kakaopulver darüber streuen.

Eierpunsch

2 unbehandelte Orangen
200 ml Wasser
100 g Zucker
200 ml Eierlikör
4 Eigelb

Orangen heiß abspülen und die Schale fein abreiben. 200 ml Wasser mit Zucker und Orangenschale in einem Topf zum Kochen bringen. So lange kochen, bis sich der Zucker aufgelöst hat. Etwas abkühlen lassen, dann den Eierlikör unterrühren. Eigelb schaumig schlagen und unter ständigem Rühren in die Flüssigkeit geben. Topf wieder auf die Kochstelle geben und den Punsch bei kleiner Hitze mit dem Schneebesen kräftig schlagen, bis er locker und schaumig wird. In hohen Gläsern servieren.

Kinderpunsch

10 Gläser

1 l Früchtetee
750 ml Hagebuttentee
750 ml Orangensaft
(100 % Fruchtsaftgehalt)
375 ml Kirschsaft
(100 % Fruchtsaftgehalt)
3-4 EL brauner Zucker
1/2 unbehandelte Orange
(in Scheiben geschnitten)
2 Zimtstangen
einige Nelken

Alle Zutaten in einen großen Topf geben, kurz aufkochen lassen und bei kleiner Hitze warm halten. Nach Bedarf mit weiterem Tee oder Saft auffüllen.

Orangenpunsch

6 Gläser

750 ml trockener Rotwein
300 ml frisch gepresster Orangensaft
200 ml Wasser
3 Sternanis
4 Zimtstangen
120 g brauner Zucker
1 Stück geschälter Ingwer (ca. 1 cm)
1 unbehandelte Orange
1/2 unbehandelte Orange zum Garnieren

Rotwein, Orangensaft, Wasser, Sternanis, Zimtstangen, Zucker und Ingwer in einen Topf geben und kurz aufkochen lassen. Ingwer herausnehmen und bei kleiner Hitze ca. 5 Min. weiter ziehen lassen. Währenddessen Orange heiß abspülen, in schmale Scheiben schneiden und dazugeben. In hohen Gläsern, garniert mit jeweils einer Orangenscheibe, servieren.

Apfelpunsch mit Calvados

6 Gläser

1 l schwarzer Tee
100 g brauner Zucker
500 g säuerliche Äpfel
1/2 frische Ananas oder abgetropfte Ananasstücke aus der Dose (340 g)
1 Zimtstange
2 Nelken
3 Pimentkörner
3 Korianderkörner
125 ml Calvados
200 g Sahne

Tee mit Zucker süßen. Früchte schälen und entkernen, in dünne Scheiben schneiden und zusammen mit den Gewürzen zum Tee geben. Aufkochen lassen und bei kleiner Hitze ca. 5 Min ziehen lassen. Calvados hinzugeben und alles durch ein Sieb in Gläser füllen. Sahne steif schlagen und portionsweise darauf setzen. Mit etwas Zucker bestreuen.

Eierlikör

6 Eier
250 g Puderzucker
1 kleine Dose Dosenmilch (340 g)
Saft von einer halben Zitrone
1 Päckchen Vanillinzucker
150 g 90%igen Alkohol
(aus der Apotheke)

Eier, Zucker, Milch, Zitronensaft und Vanillinzucker ca. 2 Min. mit dem Mixer gut durchquirlen. Dann den Alkohol zugeben und nochmals 1 Min. mixen. Sofort abfüllen, aber vor dem Verzehr möglichst acht Tage stehen lassen.

TIPP

Zum Verschenken füllen Sie den Eierlikör in kleine dekorative Fläschchen (zeitig anfangen zu sammeln!), die Sie mit Goldsternen bekleben oder mit Goldstaub und Schablone verzieren können.

Lecker zum Verschenken

Glühwein

10 Gläser

1 l trockener Rotwein
250 ml Weinbrand
1 l Wasser
2 EL Angostura
3 Kardamomkapseln
1 unbehandelte Orange
(in dünne Scheiben geschnitten)
2 Stangen Zimt
ca. 5 Nelken

Alle Zutaten in einen großen Topf geben und bei kleiner Hitze zum Kochen bringen. Von der Platte nehmen und in Gläser füllen.

Zimtwaffeln

10 Stück

125 g Butter oder Margarine
50 g Zucker
1 Päckchen Vanillinzucker
3 Eier
2 TL Backpulver
250 g Mehl
1 TL Zimt
125 ml lauwarmes Wasser
Puderzucker zum Bestreuen

Fett, Zucker und Vanillinzucker gut schaumig rühren und die Eier hinzufügen. Dann das mit Backpulver gemischte Mehl, Zimt und Wasser dazugeben und gut vermengen. Teig sofort im Waffeleisen backen und die Waffeln vor dem Servieren mit Puderzucker bestreuen. Dazu schmecken Sahne, Vanilleeis oder heiße Kirschen.

Was wäre die Vorweihnachtszeit ohne Bratäpfel? Ob süß oder herb, mit oder ohne Sauce ... Bratäpfel sorgen für das ganz besondere Weihnachtsgefühl.

KINDER, KOMMT UND RATET,
WAS IM OFEN BRATET!
HÖRT, WIE'S KNALLT UND ZISCHT.
BALD WIRD ER AUFGETISCHT,
DER ZIPFEL, DER ZAPFEL,
DER KIPFEL, DER KAPFEL,
DER GELBROTE APFEL.

VOLKSGUT AUS BAYERN

Bratäpfel mit Vanillesauce

4 große Äpfel
Fett für die Form
4 EL Mandelstifte
4 EL Rosinen
3-4 TL Honig
1 EL kalte Butter
1 Päckchen Vanillesauce

Äpfel waschen und das Kerngehäuse vorsichtig herausschneiden. Äpfel mit einem Messer rundherum etwas einschneiden. In eine gefettete Form setzen. Mandeln, Rosinen und Honig mischen und in die Äpfel füllen. Butter in Flöckchen darauf verteilen. Im vorgeheizten Backofen bei 180 Grad (Gas Stufe 2-3) ca. 20 Min. braten. Vanillesauce nach Anweisung zubereiten, darüber gießen und heiß servieren.

Bratäpfel mit Marzipan

4 Äpfel
Fett für die Form
5 getrocknete Aprikosen
40 g Marzipan-Rohmasse
60 g Walnusskerne
3 EL Rum
4 TL Aprikosenkonfitüre

Äpfel waschen und das Kerngehäuse vorsichtig herausschneiden. Äpfel mit einem Messer rundherum etwas einschneiden. In eine gefettete Form setzen. Aprikosen und Marzipan fein würfeln und mit den gehackten Walnusskernen vermengen (einige Kerne zurückbehalten). Alles mit Rum vermischen und in die Äpfel füllen. Jeweils 1 Löffel Konfitüre darauf setzen und mit den restlichen Nusskernen dekorieren. Im vorgeheizten Backofen bei 200 Grad (Gas Stufe 3-4) ca. 40 Min. backen.

Bratäpfel mit Nussfüllung

1 Ei
1 EL Zucker
1 TL Vanillinzucker
1 Prise Salz
50 g gemahlene Haselnüsse
1 EL Sahne
1 EL Semmelbrösel
4 mittelgroße Äpfel
Fett für die Form

Eigelb, Zucker und Vanillinzucker schaumig rühren. Salz, Nüsse, Sahne und Semmelbrösel dazugeben. Eiweiß steif schlagen und darunter heben. Äpfel waschen und das Kerngehäuse vorsichtig herausschneiden. Äpfel mit einem Messer rundherum etwas einschneiden. In eine gefettete Form setzen und mit der Nussmasse füllen. Im vorgeheizten Backofen bei 180 Grad (Gas Stufe 2-3) ca. 20 Min. braten und heiß servieren.

Apfel im Schlafrock

250 g Mehl
1 TL Backpulver
75 g Zucker
1 Päckchen Vanillinzucker
1 Eiweiß
1 EL Milch
125 g kalte Butter oder Margarine
8 kleine Äpfel
1 EL Rosinen
1 EL Zucker
1 Eigelb
1 EL Milch
Puderzucker zum Bestreuen

Mehl und Backpulver mischen. Zucker, Vanillinzucker, Eiweiß und Milch hinzugeben und vermengen. Butter in Stücken dazugeben und alles schnell zu einem glatten Teig verkneten. Äpfel schälen, entkernen und mit gezuckerten Rosinen füllen. Teig gleichmäßig dünn ausrollen und in acht gleich große Vierecke schneiden. Äpfel darauf setzen, in den Teig hüllen – Teig dabei gut andrücken – und auf ein gefettetes Blech geben. Eigelb und Milch miteinander verquirlen und die Teigäpfel damit bestreichen. Im vorgeheizten Backofen bei 175 Grad (Gas Stufe 2) ca. 15-20 Min. backen. Vor dem Servieren mit Puderzucker bestreuen.

Apfellämpchen:
Für diese Kerzenhalter mit Geschmack befestigen Sie drei bis vier längere Zahnstocher oder Holzstäbchen in einem rotbackigen Apfel und stellen ein Teelicht hinein. Aus Pergament oder dickerem Weihnachtspapier schneiden Sie einen Lampenschirm aus und befestigen ihn auf den Holzstäbchen. Fertig ist die weihnachtliche Tischdekoration!

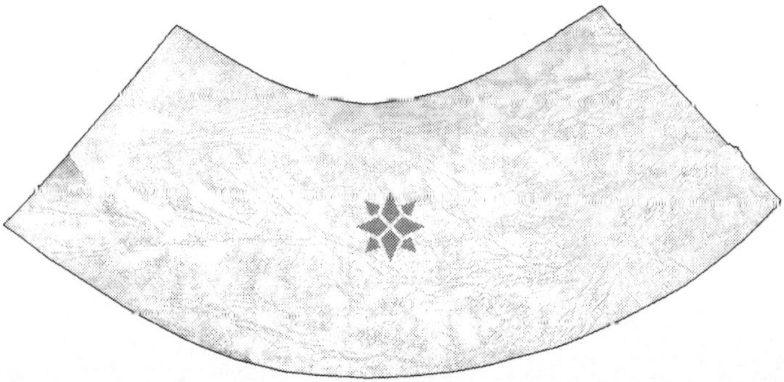

Der Festschmaus

Klassische Weihnachtsgerichte und leckere Menüs

Wie feiern Sie Weihnachten? Haben Sie auch Ihre Traditionen und wiederkehrenden Rituale? Manch einer schmückt immer erst am Heiligen Abend den Baum. In vielen Familien gehört der Kirchgang mit dazu, oder es wird die Weihnachtsgeschichte vorgelesen. Jeder feiert Weihnachten auf seine ganz eigene Weise. Aber alle sind froh, dass man endlich zur Ruhe kommt und die Festtage genießen kann. Am besten mit einem guten Essen. Ob nun klassisch, romantisch oder italienisch, an Weihnachten hat jeder Lust auf etwas ganz Besonderes. Da reicht die Spannbreite vom opulenten Gänsebraten bis zum schnellen Menü, das viel Zeit lässt, um noch letzte Geschenke einzupacken oder mit den Kindern zu spielen. Aber was auch immer Sie auf den Tisch bringen: Genießen Sie die schöne Stimmung, den Duft und den festlichen Glanz – und lassen Sie es sich schmecken!

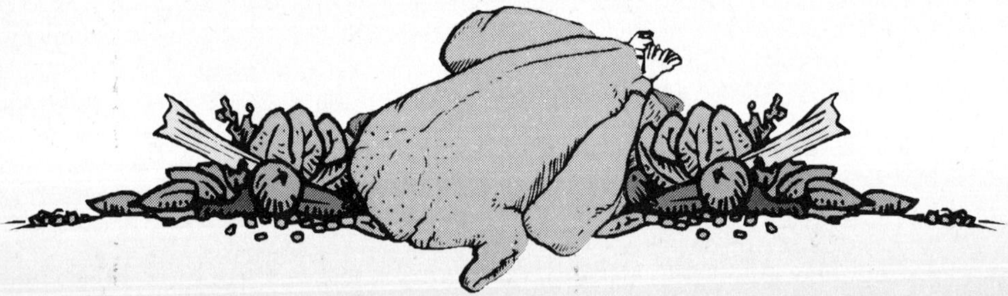

Kartoffelsalat mit Würstchen

1,5 kg fest kochende Kartoffeln
1 Zwiebel
100 ml Gemüsebrühe
2 EL Essig
1 TL Senf
Salz
Pfeffer
6 EL Öl
(oder 150 g leichte Mayonnaise)
8 Bockwürstchen

Kartoffeln waschen und fast gar kochen (beim Hineinpieksen sollten sie innen noch etwas fest sein). Abkühlen lassen und pellen, in dünne Scheiben schneiden und in eine Schale geben. In einem kleinen Topf die fein gehackte Zwiebel mit der heißen Brühe vermengen und mit Essig, Senf, Salz und Pfeffer würzen. Marinade über die Kartoffeln geben und gut durchziehen lassen. Später Öl (oder Mayonnaise) dazugeben und unterrühren. Mit Salz und Pfeffer abschmecken.

Bockwürstchen in Wasser auf kleiner Flamme erhitzen, aber nicht kochen lassen, und zu dem Kartoffelsalat servieren.

VARIANTE

Im Kartoffelsalat schmeckt noch vieles mehr: Tomaten, Gurken, Paprika, gekochte Eier, gekochter Schinken, gebratene Speckwürfel oder Fleischwurststückchen, Apfelstückchen, Petersilie, Schnittlauch, Dill ...

Gänsebraten mit Apfelfüllung

MIT ROTKOHL UND KARTOFFELKLÖSSEN

8 Portionen
Bratzeit. 3 Std.

4-5 aromatische Äpfel
60 ml Calvados
2 Salbeiblätter
2 frische Majoranzweige
1 Bd. Petersilie
1 küchenfertige Gans (4-5 kg)
Salz
Pfeffer
1 l Wasser
2-3 EL heller Saucenbinder

Äpfel schälen, vierteln und entkernen. Mit Calvados beträufeln und zugedeckt mind. 10 Min. stehen lassen. Kräuter fein hacken und zu den Äpfeln geben. Gans innen und außen waschen, trocken tupfen und mit Salz und Pfeffer einreiben. Haut rundherum mit einem Schaschlikspieß oder einem scharfen Messer einstechen, damit das Fett besser ablaufen kann. Gans mit der Apfel-Kräuter-Mischung füllen und die Öffnung mit Küchengarn zunähen (oder mit Holzspießen zuklammern). Gans mit der Brust nach unten auf den Backofenrost legen, die Fettpfanne mit Wasser füllen und darunter schieben. Im vorgeheizten Backofen bei 180 Grad (Gas Stufe 3) ca. 2 1/2 bis 3 Std. braten. Nach 30 Min. wenden. Währenddessen die Gans immer wieder mit Gänsebrühe (aus der Fettpfanne) begießen. 30 Min. vor Ende der Bratzeit den Backofen auf 220 Grad (Gas Stufe 4-5) stellen, die Haut der Gans mit etwas Calvados und Bratensaft (evtl. auch mit kaltem Salzwasser) bestreichen und knusprig braun braten. Fett aus der Fettpfanne mit einer Schöpfkelle abnehmen und wegkippen. Übrigen Bratfond in einem Topf zum Kochen bringen, Saucenbinder einstreuen und unter Rühren nochmals aufkochen lassen. Mit Salz, Pfeffer und etwas Calvados abschmecken. Die Gans tranchieren, Füllung in eine Schale geben und mit der Sauce dazu servieren.

VARIANTE

Falls Ihnen eine Gans zu groß oder zu opulent ist, die kleinere Schwester Ente schmeckt auch mit dieser Füllung.

Für eine 2-kg-Ente (4 Portionen) entsprechend weniger Äpfel und Gewürze nehmen, die Bratzeit beträgt dann nur 1 1/2 bis 2 Std.

Rotkohl

8 Portionen

1 Rotkohl (ca. 2 kg)
2 EL Butterschmalz
1 Msp. gemahlene Nelken
1 Lorbeerblatt
3 Wacholderbeeren
1 TL Salz
500 ml Apfelsaft oder
Johannisbeersaft
3 Zwiebeln
2 Äpfel
50 ml Rotweinessig
2-3 EL schwarzes Johannisbeergelee oder Preiselbeermarmelade
Salz
Pfeffer
Zucker

Rotkohl putzen, vierteln und den Strunk herausschneiden. Kohl in feine Streifen schneiden. Schmalz in einem großen Topf erhitzen und den Rotkohl darin andünsten. Gewürze und ca. die Hälfte des Saftes dazugeben. Zwiebeln abziehen und klein schneiden. Äpfel waschen, schälen, entkernen und fein raspeln. Zwiebel, Äpfel und Essig zum Kohl geben und alles bei kleiner Hitze 1 bis 1 1/2 Std. köcheln lassen. Nach Bedarf noch Saft dazugießen. Rotweinessig zugeben und den Rotkohl nach Geschmack mit Johannisbeergelee oder Preiselbeermarmelade binden. Rotkohl mit Salz, Pfeffer und Zucker abschmecken.

Kartoffelklöße

12 Stück

1,5 kg mehlig kochende Kartoffeln
3 Eier
1-2 TL Salz
1 Prise Muskatnuss
225 g Mehl
Mehl für die Arbeitsfläche
2 EL Salz für das Kochwasser

Kartoffeln waschen und mit Schale in ca. 20-25 Min. gar kochen. Kartoffeln abgießen, kurz abkühlen lassen, pellen und noch heiß durch eine Presse drücken. Eier, Salz, Muskatnuss und Mehl dazugeben und vermengen. Aus dem Kartoffelteig auf einer leicht bemehlten Arbeitsfläche eine Rolle formen, in 12 Portionen schneiden und daraus 12 Klöße formen. In einem großen Topf Wasser mit Salz zum Kochen bringen. Klöße in das kochende Wasser geben und bei mittlerer Hitze in ca. 15 Min. gar ziehen lassen. Die Klöße sind gar, wenn sie nach oben steigen. Aus dem Wasser nehmen, abtropfen lassen und in eine Schüssel mit einer umgedrehten Untertasse geben, so dass das restliche Wasser unter dem Teller zusammenlaufen kann.

Karpfen blau

MIT LYONER KARTOFFELN UND GRÜNEM SALAT

1 küchenfertiger Karpfen ca. 2 kg
Salz
125 ml Essig
1 l Wasser
125 ml Weißwein
1 Zwiebel
1 Lorbeerblatt
5 Pfefferkörner
3 Pimentkörner
125 ml Sahne
200 g Tafelmeerrettich

Karpfen mit kaltem Wasser vorsichtig abspülen. Innen trocken tupfen und salzen. Damit er seine Form behält, den Fisch mit einer umgedrehten Tasse im Bauch auf eine Platte stellen. Essig stark erhitzen, über den Karpfen gießen (Essig dabei auffangen) und 10-15 Min. stehen lassen. Wasser mit abgegossenem Essig, Weißwein, halbierter Zwiebel und Gewürzen in einen großen Bratentopf geben und aufkochen. Karpfen mit der Tasse behutsam in den Sud stellen und ca. 30 Min. ziehen lassen. Sahne schlagen und mit dem Tafelmeerettich vermengen.
Den Karpfen auf einer vorgewärmten Platte anrichten. Dazu den Sahnemeerretich servieren.

Lyoner Kartoffeln

1,2 kg fest kochende Kartoffeln
3 Zwiebeln
60 g Butter
1 Bund glatte Petersilie
Salz
Pfeffer

Kartoffeln kochen, abziehen und in fingerdicke Stifte schneiden. Gewürfelte Zwiebeln in etwa der Hälfte der Butter goldgelb dünsten. In einer zweiten Pfanne restliche Butter zerlassen und die Kartoffeln darin bei schwacher Hitze ca. 10 Min. goldgelb braten. Petersilie fein hacken und mit den Zwiebeln unter die Kartoffeln rühren. Mit Salz und Pfeffer würzen und zu dem Karpfen servieren.

Grüner Salat

200 g Feldsalat
1 kleiner Kopfsalat
1/2 Salatgurke
1 Bd. Radieschen
2 EL Balsamico-Essig
Salz
Pfeffer
6 EL Öl
2 kleine Tomaten
3 EL fein gehackte Kräuter
(Petersilie, Schnittlauch, Kerbel, Basilikum, wenn möglich frisch, sonst getrocknet)

Salate waschen, trocken schleudern, klein zupfen und in eine Schale geben. Salatgurke schälen, in dünne Scheiben schneiden und hinzugeben. Radieschen putzen, waschen und in dünnen Scheiben darüber geben. Essig, Salz und Pfeffer in einem kleinen Schälchen verrühren, Öl mit dem Schneebesen hineinrühren. Tomaten in kleine Würfel schneiden, mit den Kräutern zu dem Dressing geben und verrühren. Über den Salat gießen und vorsichtig vermengen.

Weihnachtsmenüs

Menü mit Fisch

Italienisches Menü

Schnelles Menü

Rustikales Menü

Romantisches Menü

Die Weihnachtsmenüs bestehen jeweils aus einer Vorspeise, einem Hauptgericht und einem Dessert. Für jeden Gang gibt es zwei Vorschläge, aus denen Sie sich Ihr Menü zusammenstellen können, wobei die Beilage zu beiden Hauptgerichten passt. Ein etwas opulenteres viergängiges Menü wird daraus, wenn Sie beide Vorschläge für die Vorspeise jeweils als ersten und zweiten Gang zubereiten.

Menü mit Fisch

TOMATENSUPPE MIT KRÄUTERN UND/
ODER GRÜNER SALAT MIT WARMER SPECKSAUCE

SPECKFORELLEN AUS DEM OFEN ODER
SEELACHS IN TOMATEN
DAZU: KARTOFFELPÜREE MIT SPECK UND ZWIEBELN

HIMBEERCREME ODER
FLAMBIERTE BANANEN

Tomatensuppe mit Kräutern

1 Zwiebel
2 Knoblauchzehen
3 EL Olivenöl
2 große Dosen Tomaten (à 800 g)
Salz
Pfeffer
1 Prise Zucker
1-2 TL getrockneter Rosmarin
1-2 TL getrocknetes Basilikum
(nach Bedarf)
500 ml Gemüsebrühe
2 EL saure Sahne
etwas geriebener Parmesan

Zwiebel und Knoblauchzehen schälen und sehr fein hacken. Öl in einem Topf erhitzen. Zwiebel und Knoblauch darin glasig braten. Tomaten dazugeben, mit Salz, Pfeffer, Zucker und Kräutern würzen, gut umrühren und ca. 20 Min. bei kleiner Hitze einkochen lassen. Die heiße Brühe einrühren und weitere 5 Min. köcheln lassen. Saure Sahne hinzugeben und etwas vermengen (es sieht sehr schön aus, wenn noch Sahnespuren zu sehen sind). Nach Bedarf mit Parmesan bestreuen.

Grüner Salat mit warmer Specksauce

1 Blattsalat, z. B. Frisée oder Lollo rosso
200 g Feldsalat
2 mehlig kochende Kartoffeln
200 ml Gemüsebrühe
2 Knoblauchzehen
3 EL Öl
1 EL Essig oder Balsamico-Essig
1/2 TL Senf
1/2 TL Honig
Salz
Pfeffer
ca. 150 g Schinkenspeck
etwas Öl für die Pfanne

Salate waschen, trocken schleudern, klein zupfen und in eine Schale geben. Kartoffeln kochen, pellen und mit einer Gabel zerdrücken. Brühe, klein gehackten Knoblauch, Öl, Essig, Senf, Honig, Salz und Pfeffer zugeben, verrühren und über den Salat geben. Im heißen Öl den gewürfelten Schinkenspeck auslassen und mit dem Öl über den Salat gießen.

Speckforellen aus dem Ofen

4 küchenfertige Forellen
Saft von 1 Zitrone
1 TL Salz
3 Knoblauchzehen
1 Bd. Dill
1 Bd. glatte Petersilie
60 g Doppelrahm-Frischkäse
3 EL Milch
150 g durchwachsener Speck in Scheiben
2 Zwiebeln
Öl für Form und Pfanne
125 ml Gemüsebrühe
etwas getrockneter Rosmarin

Forellen innen und außen waschen, trocken tupfen, mit Zitronensaft einreiben und salzen. Knoblauch schälen und fein hacken, mit fein - geschnittenem Dill, gehackter Petersilie, Frischkäse und Milch verrühren. Die Bauchhöhlen der Forellen damit ausstreichen. Speckscheiben um die Forellen wickeln und die Fische in eine feuerfeste, gefettete Form oder auf ein tiefes Blech legen. Im vorgeheizten Backofen bei 200 Grad (Gas Stufe 3-4) ca. 30 Min. garen. Zwiebeln schälen, in Ringe schneiden und in heißem Fett glasig dünsten. Brühe und etwas Rosmarin dazugeben und ca. 3 Min. einkochen lassen. Diesen Sud ca. 10 Min. vor Ende der Garzeit über die Fische gießen.

Seelachs in Tomaten

1 kg Seelachsfilet
Salz
1 EL Zitronensaft
2 Zwiebeln
6 Tomaten
Öl für das Blech
250 ml Gemüsebrühe
1 TL getrocknetes Basilikum
200 g Schmand

Fischfilets waschen, trocken tupfen und etwas salzen. Zitronensaft über die Filets träufeln. Zwiebeln schälen und in Ringe schneiden. Tomaten häuten und vierteln, die Stielansätze herausschneiden. Ein tiefes Blech mit etwas Öl beträufeln, Filets darauf legen. Zwiebeln und Tomaten dazugeben und alles mit der Hälfte der Brühe übergießen. Im vorgeheizten Backofen bei 180 Grad (Gas Stufe 2-3) ca. 30 Min garen. Die restliche Brühe während des Garens nach und nach dazugießen. Währenddessen das getrocknete Basilikum zerreiben, mit dem Schmand verrühren und über die Filets gießen. Weitere 10 Min. garen lassen.

Kartoffelpüree mit Speck und Zwiebeln

1,2 kg mehlig kochende Kartoffeln
ca. 250 ml Milch
Salz
Pfeffer
Muskatnuss
2 Zwiebeln
100 g Schinkenspeck

Kartoffeln schälen, waschen und in Salzwasser gar kochen. Abschütten und mit einer Kartoffelpresse oder einem Kartoffelstampfer unter Zugabe der erwärmten Milch zu einem Brei verarbeiten. Mit Salz, Pfeffer und Muskatnuss abschmecken. Zwiebeln schälen und in Ringe schneiden, Schinken würfeln. Beides in heißem Öl goldgelb anbraten und vor dem Servieren über das Püree geben.

Himbeercreme

500 g Himbeeren (TK)
6-7 EL Himbeergeist
400 g Sahne
2 EL Zucker
250 g Magerquark
3-4 EL Milch

Himbeeren auftauen und mit Himbeergeist beträufeln. Sahne steif schlagen, 1 EL Zucker unterrühren. Quark mit Milch und 1 EL Zucker cremig rühren. Himbeeren, Quark und Sahne in eine Glasschale schichten, die letzte Schicht sind Himbeeren. Sofort servieren.

Flambierte Bananen

4 kleine Bananen
2 EL Butter
3 EL Zucker
Saft von 2 Orangen
Saft von 1 Zitrone
50 ml Bananenlikör
50 ml Weinbrand

Bananen schälen, in Hälften in heißer Butter leicht anbraten und aus der Pfanne nehmen. Zucker in die Pfanne geben, leicht karamellisieren lassen, mit Orangensaft, Zitronensaft und Bananenlikör ablöschen. Bananen wieder hinzugeben, mit Weinbrand übergießen und flambieren.

TIPP

Wenn Sie keinen Bananenlikör zur Hand haben, lassen Sie ihn weg und nehmen stattdessen mehr Fruchtsaft.

Italienisches Menü

CARPACCIO UND/ODER GEMÜSESUPPE

BANDNUDELN MIT SPINAT ODER
SALTIMBOCCA ALLA ROMANA
DAZU: RUCOLASALAT UND KRÄUTERBAGUETTE

TIRAMISU ODER
EINE KLEINE KÄSEPLATTE

Carpaccio

300 g Rinderfilet
Salz
weißer Pfeffer
3 EL Zitronensaft
5-6 EL Olivenöl
Kapern nach Bedarf
80 g Parmesan am Stück
Ciabatta (italienisches Brot)

Fleisch in hauchdünne Scheiben schneiden und auf einer Platte anrichten. Etwas Salz und Pfeffer mit dem Zitronensaft vermischen, Öl dazugeben und zu einer Marinade verrühren. Über das Fleisch träufeln. Kapern auf dem Fleisch verteilen und Parmesan grob darüber reiben. Mit Ciabatta servieren.

Gemüsesuppe

1-2 Zwiebeln
3 Knoblauchzehen
400 g Zucchini
200 g Möhren
1 Stange Staudensellerie
1 große Fleischtomate
1 EL Olivenöl
1 l Gemüsebrühe
Salz
Pfeffer
1 TL getrockneter Oregano
2 TL Balsamico-Essig

Zwiebeln und Knoblauchzehen schälen und klein hacken. Zucchini, Möhren, Sellerie und Tomate putzen und klein würfeln. Öl in einem großen Topf erhitzen und Zwiebeln und Knoblauch darin glasig andünsten. Gemüse dazugeben, unter Umrühren anbraten, mit der Gemüsebrühe aufgießen und ca. 15 Min. zugedeckt köcheln lassen. Mit Salz, Pfeffer und Oregano würzen und mit Essig abschmecken.

Bandnudeln mit Spinat

250 g TK-Blattspinat
400 g breite Bandnudeln
3-4 Knoblauchzehen
6 EL Olivenöl
Salz
Pfeffer
150 g Parmesan im Stück
3 EL eingelegte schwarze Oliven

Spinat auftauen lassen, abtropfen lassen und auseinander zupfen. Nudeln nach Anweisung kochen und in ein Sieb abgießen. Knoblauch abziehen und fein hacken. Zusammen mit dem Spinat in heißem Öl ca. 5 Min. andünsten. Mit Salz und Pfeffer würzen. Nudeln dazugeben, alles vorsichtig miteinander vermengen und nochmals würzen. Vor dem Servieren mit grob geraspeltem Parmesan und klein geschnittenen Oliven bestreuen.

Saltimbocca alla romana

800 g dünne Kalbs- oder Schweineschnitzel (8 Stück)
100 g luftgetrockneter Schinken
8 Salbeiblätter
Öl für die Pfanne
Pfeffer
Salz
Saft von 1/2 Zitrone
1-2 EL Schmand

Auf jedem Schnitzel 1 Scheibe Schinken und 1 Salbeiblatt mit einem Zahnstocher feststecken. Öl in einer Pfanne erhitzen. Die vorbereiteten Schnitzel von jeder Seite ca. 2 Min. braten. Etwas salzen und pfeffern. Bratensaft mit etwas Zitronensaft und Schmand zu einer Sauce anrühren, mit Salz und Pfeffer abschmecken.

TIPP

Sind die Schnitzel dick, nehmen Sie nur vier und schneiden Sie sie seitlich auf. Innen vorsichtig pfeffern und salzen, Schinken und Salbei hineinlegen. Von beiden Seiten je nach Dicke ca. 4 Min. braten.

Rucolasalat mit Parmesan

200 g Rucola
1 kleiner Lollo-rosso-Salat (oder Radicchio)
1 kleine Zwiebel
1 Knoblauchzehe
einige Champignons
2 Scheiben Toastbrot (oder Bauernbrot)
Öl für die Pfanne
2 EL Balsamico-Essig
Salz
Pfeffer
4 EL Olivenöl
120 g Parmesan im Stück

Salate waschen, trocken schleudern und klein zupfen. Zwiebel und Knoblauchzehe schälen und fein hacken. Champignons putzen und feinblättrig schneiden. Alles zusammen in einer Schale anrichten. Brot in kleine Würfel schneiden, in heißem Fett ca. 3 Min. kross braten und über den Salat geben. Essig, Salz, Pfeffer und Öl zu einer Vinaigrette verrühren und über den Salat geben. Parmesan in kleinen Bröckchen über dem Salat verteilen.

Kräuterbaguette

4 Baguettebrötchen
oder 2 Baguettestangen
4 EL Kräuterbutter

Baguettebrötchen seitlich aufschneiden, aufklappen und jeweils eine Hälfte mit 1 EL Kräuterbutter bestreichen. Wieder zusammenklappen und im vorgeheizten Backofen bei 180 Grad (Gas Stufe 2-3) ca. 10 Min. backen.

VARIANTE

Aus Baguettebrötchen, bestrichen mit jeweils 1 EL Butter oder Olivenöl und einer klein gehackten Knoblauchzehe, werden ebenso schnell Knoblauchbaguettes.

TIPP

Kräuter- oder Knoblauchbaguette können Sie natürlich auch fertig kaufen.

Tiramisu

4 kleine Eier
500 g Mascarpone
2 EL Amaretto
4 EL Zucker
2 Päckchen Vanillinzucker
250 ml starker Kaffee
1-2 Packungen Löffelbiskuits
dunkles Kakaopulver

Eier in Eigelb und Eiweiß trennen. Mascarpone, Eigelb, Amaretto, Zucker, Vanillinzucker und erkalteten Kaffee zu einer Creme verrühren. Eiweiß steif schlagen und unter die Creme heben. Löffelbiskuits einzeln in die Creme tauchen und in eine flache Form oder Schale legen. Eine Schicht Löffelbiskuits mit einer Schicht Creme bedecken und schichtweise die Schale füllen. Das Tiramisu mind. 3-4 Std. vor dem Verzehr zubereiten und kalt stellen. Vor dem Servieren mit dunklem Kakaopulver leicht bestäuben.

TIPP

Haben Sie keinen Amaretto zur Hand, können Sie auch 4 EL Eierlikör oder 2 EL Weinbrand verwenden.

Kleine Käseplatte

150 g Blauschimmelkäse
150 g Ziegenkäse
150 g Frischkäse
150 g Parmesan im Stück
etwas Rucola
dunkle Weintrauben
1 Baguettestange oder Ciabatta

Käsesorten mit Rucola und Weintrauben auf einer Platte anrichten und mit Baguette oder Ciabatta servieren.

TIPP

Bei diesem Vorschlag ist für alle Geschmäcker etwas dabei. Variieren Sie aber nach Lust und Angebot.

Schnelles Menü

TOMATEN-AVOCADO-SALAT UND/ODER
GEMISCHTER VORSPEISENTELLER

ÜBERBACKENE SCHWEINEMEDAILLONS ODER
HÄHNCHENSCHNITZEL IN HONIG-SAUCE
DAZU: SPAGHETTI

VANILLEEIS MIT SCHOKOLADENSAUCE ODER
MANDARINENCREME

Tomaten-Avocado-Salat

8 Tomaten
2 kleine Zwiebeln
1 Avocado
2 EL Balsamico-Essig
Salz
Pfeffer
4-5 EL Olivenöl
einige schwarze Oliven

Tomaten waschen, Stielansätze entfernen und in dünne Scheiben schneiden. Zwiebeln schälen und fein würfeln. Avocado schälen, halbieren, entkernen und ebenfalls in dünne Scheiben schneiden. Zusammen in einer Glasschale anrichten. Aus Essig, Salz, Pfeffer und Öl eine Vinaigrette zubereiten und über den Salat gießen. Oliven entkernen, in dünne Ringe schneiden und den Salat damit bestreuen.

Gemischter Vorspeisenteller

150 g Parmaschinken,
dünn aufgeschnitten
150 gekochter Schinken
in Scheiben
150 g grobe Salami in Scheiben
Cocktailtomaten
Champignons
Silberzwiebeln
eingelegte Paprikaschoten
eingelegte schwarze und grüne Oliven
150 g Butter

Auf einer großen, flachen Platte die Parmaschinkenscheiben locker aufhäufen. Rundum gekochten Schinken und Salamischeiben gerollt anordnen. Mit Cocktailtomaten, feinblättrig geschnittenen Champignons, Silberzwiebeln, längs geschnittenen Paprikaschoten und Oliven umgeben. Die Butter in Flöckchen rundherum verteilen. Dazu Baguette servieren.

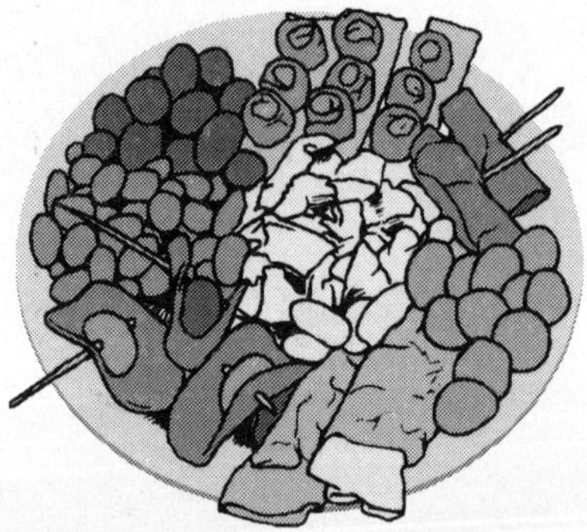

Überbackene Schweinemedaillons

1 kg (große) Tomaten
ca. 800 g Schweinefilet
Öl für Pfanne und Backblech
Salz
Pfeffer
400 g Schmand
3-4 Knoblauchzehen
1 Bd. Basilikum
200 g Schafskäse

Tomaten waschen, Stielansätze entfernen und in ca. 1 cm breite Scheiben schneiden. Schweinefilet in ca. 2,5 cm breite Scheiben schneiden. Öl in der Pfanne erhitzen und Fleisch von jeder Seite 2 Min. braten, aus der Pfanne nehmen und mit Salz und Pfeffer bestreuen. Schmand unter Rühren zum Bratensatz geben und einmal aufkochen lassen. Knoblauchzehen abziehen, in die Sauce pressen und mit wenig Salz und Pfeffer abschmecken. Tomaten auf einem tiefen, gefetteten Blech verteilen, Fleisch darauf legen und mit je einem Blatt Basilikum belegen (Endstücke oder sehr kleine Tomatenscheiben einfach dazwischen verteilen). Schafskäse in passende Stücke schneiden, auf das Fleisch legen und alles mit der Sahnesauce übergießen. Im vorgeheizten Backofen bei 200 Grad (Gas Stufe 3-4) in 10-15 Min. überbacken, bis der Käse zerlaufen ist.

Hähnchenschnitzel in Honig-Sauce

800 g Hähnchenbrustfilet
Salz
Pfeffer
Öl für die Pfanne
100 g Schinkenspeck
6 EL Balsamico-Essig
1 EL Butter
2 EL Honig
1 Bd. Salbei

Hähnchenfilet in 4 oder 8 Teile schneiden, salzen, pfeffern und im heißen Öl von jeder Seite 3 bis 5 Min. scharf anbraten. Herausnehmen, auf einer Platte anrichten und warm stellen. Schinkenspeck würfeln oder in Streifen schneiden und im Bratfett etwas auslassen. Essig, Butter, Honig und Salbei dazugeben und kurz aufkochen lassen. Nochmals nachwürzen und über die Schnitzel geben.

Spaghetti

400 g Spaghetti
Salz
4 EL Olivenöl
1 Zwiebel
2 Knoblauchzehen
100 g Parmesan im Stück

Spaghetti in reichlich Salzwasser gar kochen, abgießen und abtropfen lassen. Olivenöl in einer Kasserolle erhitzen, gewürfelte Zwiebel und fein gehackten Knoblauch dazugeben und miteinander vermengen. Nudeln dazugeben, mit dem Pesto verrühren und großzügig mit frisch geriebenem Parmesan überstreuen.

Vanilleeis mit Schokoladensauce

200 g dunkle Kuvertüre
(oder Zartbitterschokolade)
Vanilleeis
1/2 Tafel weiße Schokolade

Kuvertüre im Wasserbad schmelzen. Vanilleeis in 4 Glasschälchen anrichten und mit der heißen Schokolade übergießen. Vor dem Servieren mit geraspelter weißer Schokolade bestreuen.

Mandarinencreme

500 ml Milch
100 g Zucker
1 Päckchen Vanillepuddingpulver
250 g Magerquark
200 g Sahne
1 Dose Mandarinen
(175 g Abtropfgewicht)

Aus Milch, 2 EL Zucker und Puddingpulver nach Anweisung einen Vanillepudding kochen. Quark und restlichen Zucker in eine Schale geben, die heiße Masse darüber gießen. Sahne schlagen und vorsichtig unterheben. Alles locker vermengen und abkühlen lassen. Mandarinen abtropfen lassen und mit 2-3 EL des abgetropften Saftes unter die Creme heben.

Rustikales Menü

CHAMPIGNONCREMESUPPE UND/ODER
ZIEGENKÄSE AUF RUCOLA

GESPICKTER SCHMORBRATEN ODER
GEFÜLLTE ENTE
DAZU: THYMIANKARTOFFELN

APFELSTRUDEL
ODER TRIFLE

Champignoncremesuppe

500 g frische Champignons
1 Zwiebel
3 EL Butter
2 EL Mehl
100 ml Weißwein
750 ml heiße Milch
Salz
Pfeffer
1 TL Zitronensaft
125 ml Sahne

Champignons putzen und feinblättrig schneiden. Zwiebel abziehen und in dünne Ringe schneiden. Die Hälfte der Butter in einem Topf zerlassen, Pilze und Zwiebel darin ca. 10 Min andünsten. Mit Mehl anstäuben, mit dem Wein ablöschen und die heiße Milch nach und nach einrühren. Durch ein Sieb passieren und bei geringer Hitze warm halten. Mit Salz, Pfeffer und Zitronensaft abschmecken. Sahne cremig schlagen und unterheben.

Ziegenkäse auf Rucola

200 g Rucola
4 Scheiben Ziegenkäse, ca. 2 cm dick (Ziegenrolle)
Öl für die Pfanne
4 Tomaten
Salz
Pfeffer
1-2 Kräuterbaguettes (Kühltheke)

Rucola waschen, trocken tupfen und auf einer Platte anrichten. Ziegenkäse in der Pfanne etwas anbraten, bis er anfängt zu zerlaufen, dann auf den Salat legen. Tomaten in Achtel schneiden und um den Käse herum anrichten. Alles mit Salz und Pfeffer würzen. Dazu schmecken warme Kräuterbaguettescheiben.

Gespickter Schmorbraten

Bratzeit: 2 1/2 Std.

1,5 kg Rindfleisch aus der Keule, ohne Knochen
Salz
4 Knoblauchzehen
Öl für den Topf
3 Möhren
1 Stück Sellerie
1 Stange Lauch
1 Zwiebel
750 ml trockener Rotwein oder Gemüsebrühe
3 EL Essig
10 Pfefferkörner
5 Pimentkörner
2 Nelken
1/2 TL getrockneter Thymian
Pfeffer
1 EL dunkler Saucenbinder

Fleisch mit wenig Salz einreiben. Knoblauch abziehen, in Stifte schneiden und das Fleisch damit spicken (mit einem scharfen Messer oder einem Spickmesser das Fleisch einstechen und die Knoblauchstifte hineinstecken). In einem Schmortopf das Öl erhitzen und das Fleisch von allen Seiten kräftig darin anbraten. Möhren, Sellerie und Lauch putzen, waschen und klein schneiden. Zwiebel schälen und in Ringe schneiden. Alles zu dem Fleisch geben und ca. 5 Min. bei mittlerer Hitze mitbräunen lassen. Rotwein oder Brühe zugießen, einmal kurz aufkochen lassen und dann alles bei kleiner Hitze und geschlossenem Deckel 2 1/2 Std. schmoren lassen. Zwischendurch wenden und mit Flüssigkeit aus dem Topf übergießen. Evtl. etwas Flüssigkeit nachgießen. Braten herausnehmen und warm stellen. Den Gemüsesud nochmals kurz aufkochen lassen und durch ein Sieb in einen kleineren Topf zu einer Bratensauce passieren (Gemüse dabei durch das Sieb drücken). Mit Essig, Salz und Pfeffer und den übrigen Gewürzen abschmecken. Mit 1 EL Saucenbinder etwas andicken.

Gefüllte Ente

Einweichzeit: mind. 2 Std.
Bratzeit: ca. 1 1/2 Std.

1 küchenfertige Ente (ca. 2 kg)
Salz
Pfeffer

Für die Füllung:
250 g Trockenobst
250 ml Weißwein
200 g Weißbrot
2 EL Entenschmalz
(oder Gänseschmalz)
125 ml Milch
40 g gehackte Mandeln
Cayennepfeffer
Ingwerpulver

Zum Braten:
Öl für den Bratentopf
2 Zwiebeln
2 Knoblauchzehen
125 ml trockener Weißwein
125 ml Gemüsebrühe
200 g Sahne

Ente waschen, trocken tupfen und innen und außen mit Salz und Pfeffer einreiben. Für die Füllung Trockenobst in Weißwein mind. 2 Std. einweichen. Weißbrot in kleine Würfel schneiden, in Entenschmalz goldbraun anbraten, dann mit Milch begießen. Backobst gut abtropfen lassen, in kleine Würfel schneiden und mit Weißbrot und Mandeln mischen. Mit Salz, Pfeffer, Cayennepfeffer und Ingwerpulver würzen. Ente mit der Füllung füllen, die Öffnung mit Küchengarn vorsichtig zunähen. Öl in einem Bratentopf erhitzen und die Ente von allen Seiten darin scharf anbraten. Zwiebeln und Knoblauch schälen, fein hacken und dazugeben. Etwas andünsten lassen, dann mit dem Wein aufgießen. Mit geschlossenem Deckel im vorgeheizten Backofen bei 200 Grad (Gas Stufe 3-4) ca. 1 1/2 Std. braten lassen. Zwischendurch mit der Brühe begießen. Nach 45 Min. den Deckel abnehmen und die Ente unter gelegentlichem Begießen mit dem Bratensaft knusprig braun braten. Ente aus dem Topf nehmen, Bratenfond durch ein Sieb passieren, mit der Sahne vermischen und sämig einkochen lassen. Ente tranchieren, Füllung dabei herauslösen, in Scheiben schneiden und mit der Sauce servieren.

Thymiankartoffeln

1,5 kg Kartoffeln
Öl für das Blech
2-3 Knoblauchzehen
Salz
Pfeffer
1-2 EL Thymian
(frisch oder getrocknet)

Kartoffeln schälen, abspülen, in gleich große Stücke schneiden und auf dem gefetteten Blech verteilen. Knoblauch schälen, fein hacken und darüber geben. Mit Salz, Pfeffer und Thymian würzen. Kartoffeln im Backofen bei mittlerer Hitze mind. 1 Std. garen (die Garzeit ist abhängig von der Größe der Kartoffelstücke, je größer, desto länger dauert es).

TIPP

Die Garzeit können Sie durch Vorkochen der Kartoffeln auf 10-15 Min. verkürzen.

Apfelstrudel

Ruhezeit: 30 Min.
Backzeit: 40 Min.

Teig:
200 g Mehl
1 Ei
1 EL Öl
1 Prise Salz
4 EL warmes Wasser
Öl zum Bestreichen
etwas Mehl für die Arbeitsfläche

Füllung:
150 g Butter
80 g Semmelbrösel
1,5 kg säuerliche Äpfel
100 g Zucker
1 TL Zimt
125 Rosinen
Puderzucker zum Bestreuen
200 g Sahne

Alle Teigzutaten zu einem glatten Teig verkneten. Mit etwas Öl bestreichen und abgedeckt 30 Min. ruhen lassen. Ein Küchentuch mit Mehl bestäuben, den Teig darauf ausrollen. Mit den Handrücken unter den Teig gehen und ihn von der Mitte aus nach allen Seiten hin ziehen. Der Teig sollte so dünn sein, dass die Hand durchscheint. Für die Füllung 40 g Butter erhitzen und die Semmelbrösel darin goldbraun rösten. Restliche Butter schmelzen und den Teig damit bestreichen. Die Teigfläche mit den Semmelbröseln bestreuen, dabei 3 cm breite Seitenränder frei lassen. Äpfel schälen, entkernen und in Stücke schneiden. Zucker, Zimt und Rosinen damit vermengen und die Apfelmischung auf die Semmelbrösel geben. Die seitlichen Teigränder über die Äpfel schlagen und den Teig locker aufrollen. Strudel mit der Nahtstelle nach unten auf ein gefettetes Blech legen und mit etwas Butter bestreichen. Im vorgeheizten Backofen bei 200 Grad (Gas Stufe 3-4) ca. 40 Min. backen. Zwischendurch mehrmals mit Butter bestreichen und dick mit Puderzucker bestreuen. Sahne schlagen und dazu servieren.

Trifle
Schichtpudding

500 ml Milch
2 EL Zucker
1 Päckchen Vanillepuddingpulver
1 kleine Dose Ananas
150 g trockenes Gebäck, z. B. Sandkuchen oder Mandelgebäck
200 g Sahne
1 Päckchen Vanillinzucker
Kokosraspeln zum Bestreuen

Aus Milch, Zucker und Puddingpulver nach Anweisung einen Vanillepudding kochen. Ananas abtropfen lassen und in Stücke schneiden, Gebäck grob zerbröckeln. Sahne steif schlagen und den Vanillinzucker unterrühren. In eine Glasschale zuerst Pudding, dann Gebäck, Sahne und Ananas schichten. Mit den Kokosraspeln bestreuen.

VARIANTE

Sie können nach Belieben auch andere Früchte nehme, z. B. Mandarinen oder Aprikosen.

Romantisches Menü

ZIEGENKÄSEBÄLLCHEN UND/ODER
PANIERTE TOMATEN

GEBRATENE ENTENBRUST ODER
POCHIERTER LACHS
DAZU: KARTOFFELGRATIN

WEISSE MOUSSE AU CHOCOLAT ODER
KIRSCHEN MIT MANDELCREME

Ziegenkäseböllchen mit Nusskruste

2 Portionen

200 g Walnüsse
300 g Ziegenfrischkäse
6 El Öl
Salz
Pfeffer
3 El Balsamico- Essig
einige Salatblätter (z. B. Eichblatt-, Rucola- oder Feldsalat)

Walnusskerne in einer Pfanne ohne Fett anrösten, dann klein hacken. Ziegenkäse mit 2 EL Öl, Salz und Pfeffer mit einer Gabel gründlich vermengen. Kleine Kugeln von ca. 2 cm Durchmesser formen und in den gehackten Nüssen wälzen. Für das Dressing den Essig mit dem restlichen Öl verrühren und mit Salz und Pfeffer würzen. Salatblätter waschen, trocknen und auf Tellern anrichten. Dressing darüber träufeln und die Käsebällchen darauf anrichten.

Panierte Tomaten mit Petersilie

2 Portionen

500 g mittelgroße Tomaten
1 El Zitronensaft
Salz
Pfeffer
50 g Mehl
1 Ei
50 g Semmelbrösel
1 EL gemahlene Haselnüsse
2 EL Butterschmalz
1/2 Bund glatte Petersilie

Tomaten waschen, von den Stielansätzen befreien und in 1 cm dicke Scheiben schneiden. Mit Zitronensaft beträufeln und mit Salz und Pfeffer würzen. Mehl in einen tiefen Teller geben. Ei in einem zweiten Teller verquirlen. Semmelbrösel und Haselnüsse mischen. Tomatenscheiben erst in Mehl, dann in Ei und anschließend in Semmelbröseln wenden. Butterschmalz in einer Pfanne erhitzen und die Tomatenscheiben darin portionsweise von jeder Seite 3-4 Min. goldgelb braten. Auf Küchenpapier abtropfen lassen. Petersilie waschen und trocken schütteln. Blätter von den Stielen zupfen und grob hacken. Panierte Tomaten anrichten und vor dem Servieren die Petersilie darüber streuen.

Gebratene Entenbrust in Orangensauce

2 Portionen

2 Entenbrustfilets (à 300 g)
Salz
Pfeffer
Öl für die Pfanne
4 Apfelsinen
1 Lorbeerblatt
1-2 EL Balsamico-Essig
etwas Zucker

Entenbrüste abspülen, trocken tupfen und die Haut kreuzweise einschneiden. Von beiden Seiten salzen und pfeffern. Öl in der Pfanne erhitzen. Fleisch von beiden Seiten bei starker Hitze 2-3 Min. anbraten, dann bei mittlerer Hitze und geschlossenem Deckel ca. 10 Min. weiterbraten. Aus der Pfanne nehmen und warm stellen. Apfelsinen auspressen. Saft zusammen mit dem Lorbeerblatt in die Pfanne geben und mit dem Bratensatz ca. 5 Min einkochen lassen. Sauce mit Essig und Zucker abschmecken. Fleisch in Scheiben schneiden und zusammen mit der Sauce servieren.

Pochierter Lachs

2 Portionen

2 Scheiben frischer Lachs
(à 250 g)
Salz
weißer Pfeffer
1 EL Zitronensaft
250 ml Wasser
1 Lorbeerblatt
100 ml trockener Weißwein
100 g Schmand
1 Eigelb

Zum Garnieren:
60 g russischer Kaviar
1/2 Bd. glatte Petersilie

Lachs abspülen, trocken tupfen, salzen, pfeffern und mit dem Zitronensaft beträufeln. Wasser mit etwas Salz und dem Lorbeerblatt zum Kochen bringen, den Wein dazugießen, 2 EL Wein zurückbehalten. Lachs in den Sud legen und bei schwacher Hitze ca. 15 Min. pochieren (im Wasser gar ziehen lassen). Aus dem Sud nehmen und warm halten. Sud durchsieben, mit dem Schmand vermengen und unter Rühren erhitzen. Eigelb mit 2 EL Wein verquirlen, die heiße Sahnesauce mit dem Schneebesen darunter schlagen und die Sauce über die Lachsscheiben gießen. Nach Bedarf Kaviar darüber geben und mit etwas Petersilie verzieren.

TIPP

Der Lachs schmeckt natürlich auch ohne Kaviar, dann mit etwas frischem Dill und einem Zitronenachtel servieren.

Kartoffelgratin

2 Portionen

Margarine oder Öl für die Form
1 Knoblauchzehe
750 g fest kochende Kartoffeln
Salz
Pfeffer
Muskatnuss
1-2 Eier
300 ml Milch
1-2 EL Crème fraîche oder Schmand
150 g geriebener Käse (Greyerzer oder Emmentaler)

Eine Auflauf- oder Quicheform einfetten und mit der geschälten und halbierten Knoblauchzehe ausreiben. (Wer gerne einen stärkeren Knoblauchgeschmack hat, hackt 1-2 Knoblauchzehen klein und verteilt sie auf dem Formboden.) Kartoffeln schälen und mit einem Küchentuch sauber abreiben. In sehr feine Scheiben schneiden und dachziegelartig in die Form schichten. Jede Schicht salzen, pfeffern und mit Muskatnuss bestreuen. Eier mit Milch und Crème fraîche leicht verquirlen und über den Kartoffeln verteilen. Das Gratin im vorgeheizten Backofen bei 180 Grad (Gas Stufe 2-3) in ca. 1 Std. goldbraun garen. 10 Min. vor Ende der Garzeit mit geriebenem Käse überstreuen.

TIPP

Wenn die oberste Schicht zu dunkel wird, empfiehlt es sich, das Gratin mit Alufolie abzudecken.

Weiße Mousse au chocolat

2 Portionen

150 g weiße Schokolade
3 Eiweiß
1 TL Puderzucker
200 g Sahne

Zum Bestreuen:
weiße Schokoladensplitter oder Pistazienkerne

Schokolade in Stücke brechen und im Wasserbad schmelzen. Eiweiß steif schlagen, Puderzucker während des Schlagens dazusieben. Dickflüssige Schokoladenmasse vorsichtig unter den Eischnee ziehen. Sahne steif schlagen und nach und nach mit der Schokoladen-Ei-Masse vermengen. Vor dem Servieren die Mousse au chocolat mit Schokoladensplittern oder gehackten Pistazienkernen bestreuen.

Kirschen mit Mandelcreme

2 Portionen

250 g Sauerkirschen
(Schattenmorellen aus dem Glas)
1 EL Rote-Grütze-Pulver
2 EL Zucker
100 ml Rotwein
1/2 unbehandelte Zitrone
200 ml Sahne
1-2 EL Zucker
2-3 EL gemahlene Mandeln

Kirschen abtropfen lassen und mit dem Rote-Grütze-Pulver nach Packungsanweisung andicken. In eine Glasschale geben, zuckern und mit Wein übergießen. Zitronenschale abreiben und hinzufügen. Sahne steif schlagen, Zucker und Mandeln unterrühren, in einer zweiten Glasschale anrichten und zu den Kirschen servieren.

Das große Fest mit vielen Gästen
Brunch und Büfett für die Feiertage

Sie haben zu Weihnachten all Ihre Freunde eingeladen? Gute Idee. Oder die gesamte Familie feiert dieses Jahr unter Ihrem Tannenbaum. Auch schön. Denn einerlei, ob Müllers oder Schulzes, Tanten oder Großmütter und unzählige Nichten und Neffen zu Besuch kommen: Die Gäste sind voller Freude auf ein stimmungsvolles Fest im warmen Schein der Kerzen. Und selbst erklärte Weihnachtsmuffel werden bei verlockenden Gerüchen aus der Küche und bei schmurgelnden Geräuschen aus dem Backofen gnädig gestimmt. Die Zufriedenheit der Gäste wäre gesichert. Doch wie soll wie man das festliche Schmücken der Wohnung, das phantasievolle Dekorieren der Tische, das liebevolle Einpacken der Geschenke und das kreative Zubereiten von köstlichen Gerichten meistern, ohne nach den Feiertagen reif für eine Après-Weihnachten-Kur zu sein?

Als hilfreiche Investition für Gesundheit und Gemüt hat sich eine Strategie bewährt: Nehmen Sie sich Zeit für eine gute Planung. In diesem Kapitel finden Sie zwei passende Vorschläge für Brunch und Büfett zu Weihnachten. Die Rezepte können Sie nach Geschmack und Anlass miteinander kombinieren und so gut vorbereiten, dass Ihnen als Gastgeberin Zeit und Muße fürs eigene Weihnachtsvergnügen bleibt. Frohes Fest!

Was gehört auf ein Büfett?
Egal, ob morgendlicher Brunch oder abendliche Party, ein Büfett sollte aus folgenden Komponenten bestehen:

- ☆ ein bis zwei kleinen Schmankerln,
- ☆ einer Suppe,
- ☆ einem Fleischgericht,
- ☆ etwas Vegetarischem,
- ☆ ein bis zwei Beilagen oder Salaten,
- ☆ ein oder zwei Desserts oder Kuchen.

Immer passend sind Brot, Brötchen, Butter oder Kräuterbutter, eine Käseauswahl und eine Wurst- oder Fischplatte. Vergessen Sie auch nicht frische Früchte oder einen Rohkostteller, die Dips für Brot und Rohkost und mögliche Kinderfavoriten, z. B. Frikadellen oder kleine Würstchen.

Weihnachtsbrunch

CANAPÉS MIT MAKRELENCREME
GEFLÜGELSPIESSCHEN

MÖHRENCREMESUPPE

MARINIERTE SCHWEINEMEDAILLONS
KASSELER BRATEN

QUICHE LORRAINE

NUDELSALAT MIT ERBSEN
BLATTSALATE MIT RÄUCHERFISCH

HIMBEER-BAISER-TORTE
KLEINE BERLINER

Canapés mit Makrelencreme

8 Stück

1 geräucherte Makrele (300 g)
250 g Speisequark
1 EL Zitronensaft
1 Prise Salz
1 Prise Pfeffer
1/2 TL Paprikapulver edelsüß
4 Scheiben Toastbrot
Butter
4 schwarze Oliven
1/2 Bd. Dill

Makrele von Haut und Gräten befreien, mit dem Schneidestab des Handrührers pürieren und mit Quark, Zitronensaft, Salz, Pfeffer und Paprikapulver verrühren. Toastbrot toasten und mit der Butter bestreichen. Scheiben halbieren, so dass 8 Dreiecke entstehen. Diese dick mit Makrelencreme bestreichen. (Noch feiner sieht es aus, wenn Sie die Makrelencreme in einen Spritzbeutel mit großer Sterntülle füllen und auf die Brote spritzen.) Oliven entsteinen, halbieren und zusammen mit dem gewaschenen Dill auf den Canapés dekorieren.

VARIANTE

Die Creme lässt sich auch sehr gut variieren. Etwas feiner wird sie, wenn Sie statt Makrele geräucherten Lachs verwenden. Den Quark ersetzen Sie dann zur Hälfte durch Sahne. Und statt mit Oliven können Sie die Canapés mit dünnen Zwiebelringen und einigen zurückbehaltenen Lachsstreifen verzieren.

Geflügelspießchen

12 Stück

2 Bd. Lauchzwiebeln
250 g Hähnchen- oder Putenbrustfilet
Salz
Pfeffer
1 Dose Ananas in Stücken (340 g Abtropfgewicht)
etwas flüssiger Honig
etwas Sojasauce
etwas Chilisauce
Öl für die Pfanne

Lauchzwiebeln putzen und in große Stücke schneiden. Fleisch mit Pfeffer und Salz würzen und würfeln. Auf Holzspießchen Lauchzwiebelstücke, Fleischwürfel und Ananas verteilen, mit Honig, Sojasauce und Chilisauce bestreichen und in heißem Fett ca. 3 Min. braten.

Möhrencremesuppe

12 Portionen

1,5 kg Möhren
1,2 kg Kartoffeln
3 Zwiebeln
Öl für den Topf
2 l Gemüsebrühe
300 g Sahne
Salz
Pfeffer
1-2 Bd. Schnittlauch
500 ml trockener Sekt

Möhren und Kartoffeln waschen, schälen und in Stücke schneiden. Zwiebeln abziehen und würfeln. Zusammen im heißen Fett andünsten, Brühe zugießen und bei mittlerer Hitze ca. 30 Min. köcheln lassen. Sahne dazugeben. Gemüse (mit dem Schneidestab des Handrührers) pürieren, mit Salz und Pfeffer abschmecken und mit Schnittlauchröllchen garnieren. Beim Servieren nach Belieben pro Portion einen Schuss Sekt in die Suppe geben.

Marinierte Schweinemedaillons

18 Stück
Ruhezeit: mind. 8 Std.

4 Apfelsinen
2 EL Zucker
1 Lorbeerblatt
2 Nelken
2 Sternanis
125 ml Wasser
1,2 kg Schweinefilet
Öl für die Pfanne
Salz
Pfeffer

Apfelsinen auspressen. Den Saft mit Zucker, Lorbeerblättern, Nelken, Sternanis und Wasser kurz aufkochen und bei kleiner Hitze auf ca. die Hälfte einköcheln lassen. Schweinefilets in ca. 1,5 cm dicke Scheiben schneiden und im heißen Fett portionsweise von beiden Seiten braun anbraten. Mit Salz und Pfeffer würzen, mit der Apfelsinenmarinade begießen und mind. 8 Std., am besten aber über Nacht, kühl stellen. 1 Std. vor dem Servieren aus dem Kühlschrank nehmen.

Kasseler Braten in der Kruste

12 Portionen
Bratzeit: 1,5 Std.

6 kleine Zwiebeln
Öl für den Bratentopf
2 kg Kasseler (ohne Knochen)
250 ml Weißwein oder Brühe
5 EL Orangenmarmelade
2 EL scharfer Senf
2 TL Ingwerpulver
Pfeffer
Cayennepfeffer
1 Msp. gemahlener Piment
1 Msp. gemahlener Koriander
200 g Pinienkerne
200 ml Gemüsebrühe
200 g Sahne
Salz

Zwiebeln schälen und fein würfeln. Öl in einem Bratentopf erhitzen und das Fleisch darin von allen Seiten scharf anbraten. Zwiebeln dazugeben und kurz mitbraten. Mit Weißwein aufgießen und im vorgeheizten Backofen bei 200 Grad (Gas Stufe 3-4) ca. 20 Min. braten. Orangenmarmelade, Senf und Gewürze vermengen und mit der Hälfte davon das Fleisch bestreichen. Weitere 60 Min. schmoren lassen, das Fleisch immer wieder mit dem Bratenfond begießen. Pinienkerne grob hacken, unter die restliche Marmeladenmischung rühren und die Oberseite des Bratens damit bestreichen. Bei ca. 220 Grad (Gas Stufe 4-5) ca. 15 Min. knusprig braun braten lassen. Fleisch aus dem Bratentopf nehmen. Bratenfond mit Brühe und Sahne aufgießen und kurz aufkochen lassen. Mit Pfeffer und Salz abschmecken. Den Braten warm in der Sauce servieren.

TIPP

Der Braten schmeckt auch kalt, dann aber ohne Sauce servieren.

Quiche Lorraine

Ruhezeit: mind. 30 Min.

250 g Mehl
Salz
125 g Margarine
etwas Wasser
100 g Speck oder Schinken
etwas Öl für die Form
1 EL Öl
150 g geriebener Käse, z. B. Emmentaler
200 g Sahne
250 ml Milch
2 Eier
2 Eigelb
Salz
Pfeffer
Muskatnuss

Mehl, Salz, weiches Fett und 4 EL kaltes Wasser mit den Händen zu einem glatten Teig verkneten. Abgedeckt mind. 30 Min. kühl stellen.
Speck würfeln und im heißen Öl bei kleiner Hitze ausbraten. Boden und Rand der gefetteten Form mit dem Teig auslegen. Teigboden mit einer Gabel mehrmals einstechen und mit Speckwürfeln und geriebenem Käse bestreuen. Sahne, Milch, Eier und Eigelb verquirlen und mit Salz, Pfeffer und Muskatnuss würzen. Eier-Milch in die Form gießen. Im vorgeheizten Backofen bei 225 Grad (Gas Stufe 4-5) ca. 45 Min. goldbraun backen.

TIPP

Man kann die Quiche gut am Vortag backen und dann zum Brunch kalt oder warm (bei leichter Hitze im Backofen in ca. 15 Min. aufwärmen) servieren.

Nudelsalat mit Erbsen

8 Portionen

500 g Nudeln, z. B. Farfalle
300 g Erbsen (TK)
300 g Kochschinken
4 EL gehackte Kräuter
200 g Schmand
Salz
Pfeffer
2-3 EL Milch
2 EL Salatcreme
1-2 EL Balsamico-Essig
150 g Parmesan im Stück

Nudeln nach Anweisung bissfest kochen. Aufgetaute Erbsen kurz in wenig kochendem Wasser garen. Schinken in feine Streifen oder Würfel schneiden. Nudeln, Erbsen, Schinken und Kräuter in einer Schale vorsichtig vermengen. Schmand mit Salz, Pfeffer, Milch, Salatcreme und Essig zu einer glatten Sauce verrühren und über den Salat geben. Mit geriebenem Parmesan bestreuen.

Blattsalate mit Räucherfisch

8 Portionen

400 g gemischte Blattsalate, z. B. Eichblatt, Frisée oder Lollo rosso
1 Salatgurke
200 g geräucherter Lachs
400 g geräucherte Forellenfilets
1 Bd. Dill
4 EL Senf
1-2 TL Honig
2-3 EL Balsamico-Essig
Salz
Pfeffer
4 EL Öl
Sahnemeerrettich aus dem Glas

Salate waschen, trocken schleudern und zupfen. Salatgurke in dünne Scheiben schneiden oder hobeln. Salat mit Gurke in einer Schale anrichten. Lachs klein zupfen und auf dem Salat verteilen. Die Hälfte der Forelle in kleinen Stücken dazugeben. Klein geschnittenen Dill, Senf, Honig, Balsamico-Essig, Salz und Pfeffer gut vermengen, das Öl nach und nach unterrühren, so dass eine sämige Sauce entsteht. Sauce über den Salat gießen und alles vorsichtig vermengen. Restliche Forellenstückchen auf dem Salat verteilen und etwas Sahnemeerrettich auf die Fischstücke setzen.

Himbeer-Baiser-Torte

Ruhezeit: mind. 5 Std.
(besser über Nacht)

Für den Teig:
125 g Butter oder Margarine
125 g Zucker
1 Vanillinzucker
2 Eier
2 Eigelb
1 Prise Salz
200 g Mehl
2 gestrichene TL Backpulver

Baisermasse und Füllung:
2 Eiweiß
75 g Zucker
100 g Mandelblättchen
500 g TK-Himbeeren
1 Päckchen Tortenguss, klar
250 g verdünnter Himbeersaft
4 EL Zucker
400 g Sahne
3 TL Zucker
1 Päckchen Sahnesteif

Für den Teig Butter, Zucker, Vanillinzucker, Eier und Eigelb schaumig rühren. Salz, Mehl und Backpulver hinzufügen, zu einem Rührteig verarbeiten, in eine gefettete Springform geben und glatt streichen. Für die Baisermasse Eiweiß mit Zucker schaumig schlagen, die Mandelblättchen bis auf 1 EL unterrühren. Mandelmasse gleichmäßig auf dem Rührteig verteilen. Wichtig: 1 cm breiten Rand lassen, sonst lässt sich die Torte schlecht aus der Springform lösen. Die restlichen Mandelblättchen auf die Baisermasse streuen. Im vorgeheizten Backofen bei 175 Grad (Gas Stufe 2) ca. 35 Min. backen. Tortenboden auskühlen lassen. (Kann am gleichen oder am nächsten Tag gefüllt werden.)
Tortenboden waagerecht durchschneiden. Die unaufgetauten Himbeeren bis auf 1 cm Randbreite auf den Unterboden geben. Tortenguss mit Himbeersaft nach Anweisung zubereiten und darüber verteilen. Sahne schlagen, mit Zucker und Sahnesteif verrühren und auf die Himbeerfüllung streichen. Baiserboden darüber legen und mind. 5 Std., besser noch über Nacht, im Kühlschrank durchziehen lassen.

Kleine Berliner

(auch Pfannkuchen oder Krapfen genannt)
20 Stück
Ruhezeit: mind.1 Std.
Backzeit: 6 Min.

Für den Teig:
500 g Mehl
40 g Hefe
50 g Zucker
ca. 125 ml lauwarme Milch
2 EL Öl
2 Eier
1/2 TL Salz

Für die Füllung:
1 Eiweiß
150 g Marmelade
(z. B. Aprikosenmarmelade)

Margarine für das Blech
1 l Öl oder 500 g Frittierfett
Puderzucker zum Bestreuen

Mehl in eine Schale oder auf die Arbeitsfläche sieben, in die Mitte eine Mulde drücken und die Hefe hineinbröseln. 2 TL Zucker darüber streuen und die Hefe mit 4 EL Milch und etwas Mehl in der Mulde zu einem Vorteig vermengen. Zugedeckt an einem warmen Platz ca. 15 Min. gehen lassen. (Die Hefemischung sollte ca. zur 2- bis 3-fachen Menge aufgegangen sein.) Restlichen Zucker, restliche Milch, Öl, Eier und Salz hinzugeben und gut miteinander verkneten. Teig wieder zugedeckt an einem warmen Ort weitere 20 bis 25 Min. gehen lassen (sollte sich mind. verdoppeln).

Teig ca. 2 cm dick ausrollen und runde Plätzchen davon ausstechen (ca. 7 cm Durchmesser). Eiweiß leicht verquirlen, die Hälfte der Plätzchen am Rand damit bestreichen und in die Mitte jeweils einen Klecks Marmelade geben. Die restlichen Plätzchen darauf legen und die

Ränder sorgfältig zusammendrücken. Auf einem gefetteten Blech die Berliner mind. 20 Min. gehen lassen. Fett in einem großen Topf (oder in der Fritteuse) stark erhitzen. Berliner ca. 3 Min. im zugedeckten Topf frittieren, dann wenden und weitere 3 Min. backen. Mit einem großen Löffel (Schaumlöffel) aus dem Fett nehmen und auf Küchenkrepp abtropfen lassen. Auskühlen lassen und mit Puderzucker bestreuen.

VARIANTE

Statt Marmelade können Sie auch eine Nuss-Nougat-Creme als Füllung verwenden. Abschließend bestreuen Sie die Berliner dann nicht mit Puderzucker, sondern bestreichen Sie dick mit geschmolzener, dunkler Kuvertüre.

Etwas ganz Besonderes für das morgendliche Büfett:

Geräucherter Lachs und Aal mit Dips

8 Portionen

600 g geräucherter Aal
800 g gebeizter Lachs in Scheiben
1 Bd. frischer Dill
1 Zitrone

Aal in mundgerechte Stücke schneiden. Zusammen mit den Lachsscheiben auf einer Platte anrichten. Mit etwas frischem Dill und Zitronenscheiben verzieren.

Knoblauch-Dip

3 Knoblauchzehen
1/2 Vanilleschote
75 g Mayonnaise (80 % Fett)
200 g Schmand
3 EL Sahne
Zucker
Salz
Pfeffer

Knoblauch abziehen und sehr fein hacken. Vanilleschote der Länge nach aufschneiden und das Mark herauskratzen. Knoblauch, Vanillemark, Mayonnaise, Schmand und Sahne verrühren und mit Zucker, Salz und Pfeffer abschmecken.

Etwas ganz Besonderes für das morgendliche Büfett:

Senf-Dill-Sauce

4 EL scharfer Senf
3 EL Zucker
2 EL Weißweinessig
5 EL Öl
4 EL frischer, fein geschnittener Dill

Alle Zutaten gut miteinander vermengen und zum Lachs servieren.

Kräuterbutter

2 Bd. frische Kräuter (Schnittlauch, Dill, Petersilie ...) oder 1 Paket TK-Kräuter
1/2 TL Salz
1 TL Zitronensaft
250 g weiche Butter

Kräuter waschen und fein hacken. Einige Schnittlauchröllchen zum Verzieren zurückbehalten. Kräuter, Salz, Zitronensaft und Butter verkneten, auf ein Pergamentpapier geben und zu einer dicken Rolle formen. Mind. 1 Std. in den Kühlschrank stellen. Vor dem Servieren die Butterrolle in den restlichen Kräuterröllchen wälzen.

Zu Lachs und Aal passen auch Meerrettichquark oder Schnittlauchquark.

Weihnachtsbüfett

PFLAUMEN MIT SPECK
KLEINE FRIKADELLEN

MITTERNACHTSSUPPE

SCHWEINEBRATEN MIT HONIGGLASUR

GEFÜLLTE BLÄTTERTEIGTASCHEN

WARMES GEMÜSE GRATINIERT
WARMER KARTOFFELSALAT

BLATTSALATE MIT NÜSSEN UND SPECK

MANDARINENTORTE

Pflaumen mit Speck

20 Stück

300 g Frühstücksspeck (oder Schinkenspeck)
200 g abgetropfte Pflaumen (aus dem Glas)
Zahnstocher aus Holz
etwas Öl für die Pfanne

Speckscheiben halbieren oder vierteln. Jeweils ein Stück Schinken um eine Pflaume wickeln, mit einem Zahnstocher fest stecken und im heißen Öl rundherum knusprig braun braten. Noch warm servieren.

TIPP

Statt Pflaumen können Sie auch Datteln oder Ananasstücke aus der Dose verwenden.

Kleine Frikadellen

24 Stück

500 g gemischtes Hackfleisch
1 Ei
1 Scheibe Toastbrot
Salz
Pfeffer
1/2 TL Paprikapulver
2 Spritzer Tabasco
etwas Mehl
etwas Öl für die Pfanne

Hackfleisch mit Ei und zerbröseltem Toastbrot vermengen, mit Salz, Pfeffer, Paprikapulver und Tabasco würzen und sehr kleine Bällchen daraus formen. In etwas Mehl wenden und in heißem Fett ca. 3 Min. scharf braten.

Mitternachtssuppe

6 Portionen

1 Bd. Suppengrün
2 Zwiebeln
Öl für den Topf
1,5 l Hühnerbrühe
1 kg Hähnchenbrustfilet
1 Lorbeerblatt
6-8 Pfefferkörner
4 Dosen Mais
(à 285 g Abtropfgewicht)
2 getrocknete Chilischoten
200 g Sahne
Salz
Pfeffer
2 EL Currypulver

Suppengrün putzen und klein schneiden. Zwiebeln schälen und würfeln. Beides in heißem Fett andünsten, mit der Brühe aufgießen und aufkochen lassen. Hähnchenfleisch in Stücke schneiden, mit Lorbeerblatt und Pfefferkörnern in die Brühe geben und ca. 45 Min. köcheln lassen. Hähnchen aus der Brühe nehmen, Lorbeerblätter und Pfefferkörner abschöpfen. 3 Dosen Mais abtropfen lassen und in die Brühe geben. Alles pürieren. Chilischoten klein hacken (mit Handschuhen arbeiten!) und in die Suppe geben. Hähnchenfleisch und restlichen Mais dazugeben, Sahne zugießen und wiederum kurz aufkochen lassen. Mit Salz, Pfeffer und Curry abschmecken.

Schweinebraten mit Honigglasur

8 Portionen
Ruhezeit: über Nacht
Bratzeit: ca. 2 Std.

1,5 kg Nackenbraten (mit etwas Fett) oder Schinkenbraten (sehr mager)
Salz
Pfeffer
4 EL Zitronensaft
1 EL brauner Rum
Saft von 1 Orange
2 EL Honig
2 Prisen Cayennepfeffer
1 TL Salz
Margarine oder Öl für den Topf

Braten mit Salz und Pfeffer würzen und mit Zitronensaft einreiben. Übrige Zutaten gut vermischen und das Fleisch damit bestreichen. Zugedeckt oder in Alufolie über Nacht in den Kühlschrank stellen. Öl in einem Bratentopf erhitzen und den Braten von allen Seiten stark anbraten. Mit der restlichen Beize begießen und im vorgeheizten Backofen bei 180 Grad (Gas Stufe 2-3) ca. 2 Std. braten. Hin und wieder wenden und mit der Flüssigkeit bestreichen. Evtl. etwas Flüssigkeit (Wasser oder Gemüsebrühe nachgießen).

TIPP

Den Braten kann man kalt und warm essen.

Gefüllte Blätterteigtaschen

10 Stück

TK-Blätterteig (16 Scheiben)
300 g TK-Blattspinat
250 g Schafskäse
etwas Milch
1 Eigelb

Tiefgefrorenen Blätterteig (wie auf der Packung angegeben) auftauen lassen. Spinat auftauen und abtropfen lassen und auseinander zupfen. Je eine Scheibe Blätterteig mit Spinat und einem Stück Schafskäse belegen. Die vier Ecken des Blätterteigs in die Mitte klappen. Anschlussstellen mit etwas Milch anfeuchten und zusammenpressen. Die fertigen Taschen mit verquirltem Eigelb bestreichen und weit genug auseinander auf ein Backblech legen. Backzeit und Temperatur entnehmen Sie bitte der Blätterteigpackung, da diese variieren können.

Warmes Gemüse gratiniert

12 Portionen

1 Blumenkohl
500 g Brokkoli
1 l Gemüsebrühe
500 g Möhren
300 g Bohnen
40 g Butter
300 g geriebener Käse

Blumenkohl und Brokkoli in kleine Röschen zupfen und nacheinander in 500 ml Gemüsebrühe bissfest kochen. Möhren schälen und in Scheiben oder Streifen schneiden, Bohnen putzen und in der restlichen Brühe fast gar kochen. Gemüse hintereinander in eine Auflaufform oder große Kasserolle schichten, Butterflöckchen darauf setzen, mit Käse überstreuen und im vorgeheizten Backofen bei 175 Grad (Gas Stufe 2) ca. 10 Min. überbacken. Warm servieren und im Ofen oder auf einem Stövchen warm halten.

Warmer Kartoffelsalat mit Speck

10 Portionen

2 kg fest kochende Kartoffeln
8 EL Weinessig
200 ml Gemüsebrühe
2 Zwiebeln
200 g durchwachsener Speck
4 EL Öl
Salz
Pfeffer
1 Prise Zucker
je 1 Bd. Petersilie, Dill und Schnittlauch

Kartoffeln waschen und mit Schale in Salzwasser in ca. 20-25 Min. gar kochen. Abgießen, unter kaltem Wasser abschrecken und pellen. Noch warm in Scheiben schneiden und mit Essig und Brühe übergießen. Zwiebeln fein hacken und über die Kartoffeln geben. Speck würfeln und in einer Pfanne mit wenig Öl goldgelb braten. Mit Salz, Pfeffer und Zucker würzen und heiß über die Kartoffeln geben. Vorsichtig mischen. Salat im heißen Wasserbad 30 Min. durchziehen lassen. Inzwischen die Kräuter unter kaltem Wasser abspülen, trocken tupfen und hacken. Vor dem Servieren über den Salat streuen.

Blattsalate mit Nüssen und Speck

8 Portionen

400 g Feldsalat
1 Blattsalat, z. B. Frisée oder Lollo rosso
125 ml Gemüsebrühe
4 EL Balsamico-Essig
2 EL Senf
1 EL Honig
2 Knoblauchzehen
Salz
Pfeffer
Öl
20 Walnusskerne
100 g Schinkenspeck
6 EL Öl
200 g Champignons

Salat in reichlich kaltem Wasser waschen und abtropfen lassen. In einer Schale anrichten. Gemüsebrühe, Essig, Senf, Honig, zerdrückten Knoblauch, Salz und Pfeffer gut verrühren. Öl langsam dazugeben und alles über den Salat gießen. Alles gut vermengen. Walnusskerne hacken und darüber streuen. Schinken in Streifen schneiden und in etwas Öl knusprig anbraten. Geputzte und fein geschnittene Champignons dazugeben und kurz andünsten. Schinken und Champignons mit dem Öl über den Salat gießen. Warm servieren.

TIPP

Den Salat können Sie schon tags zuvor waschen und klein zupfen und in einer Plastiktüte im Kühlschrank aufbewahren. Auch die Salatsauce lässt sich gut vorbereiten, so dass Sie am Feiertag nur alles gut vermengen brauchen.

Mandarinentorte

Ruhezeit: mind. 5 Std.

Für den Teig:
100 g Butter oder Margarine
100 g Zucker
2 Eier
125 g Mehl
1 gestrichener TL Backpulver

Für die Füllung:
1 kleine Dose Mandarinen
1 Päckchen Gelatine (9 g), gemahlen
250 g Sahne
500 g Magerquark
125 g Zucker
3 EL Zitronensaft

Butter und Zucker schaumig rühren, Eier, Mehl und Backpulver hinzugeben und zu einem Teig verrühren. Teig in eine gefettete Springform geben und glatt streichen. Im vorgeheizten Backofen bei 175 Grad (Gas Stufe 2) ca. 20 Min. backen. Tortenboden auskühlen lassen und mit dem Tortenring auf eine Platte legen.
Mandarinen auf einem Sieb abtropfen lassen. Saft in einem kleinen Topf auffangen, Gelatine einstreuen, 10 Min. quellen lassen und auf kleiner Flamme unter Rühren erwärmen. 12 bis 16 Mandarinenspalten zum Verzieren aufbewahren, den Rest auf dem Tortenboden verteilen. Sahne steif schlagen. Quark, Zucker und Zitronensaft mit der leicht warmen Gelatinelösung verrühren. Die Sahne unterheben, auf den Tortenboden geben, glatt streichen und mind. 5 Std., besser noch über Nacht, in den Kühlschrank stellen. Tortenring rundum lösen, Torte in Stücke schneiden und jedes Tortenstück mit einer Mandarinenspalte verzieren.

K

L

M

N

O

P

Q